思想觀念的帶動者

文化現象的觀察者

本土經驗的整理者

生命故事的關懷者

心靈工坊 PsyGarden

STORY

在奔馳的想像中尋找情感的歸屬
在迷離的經驗中仰望生命的出口
在波動的人性中釐定掙扎的路徑
在卑微的靈魂中趨近深處的起落

# 禮讚佛洛伊德

# Tribute to Freud

by H.D.

希爾達・杜利特（Hilda Doolittle）——著

陳蒼多——譯

# 目錄

【推薦序一】

# Freudgasse！我也走過……

劉毓秀（國立臺灣大學文學院外國語文學系暨研究所兼任教授）

H·D·在〈牆上的書寫〉中回憶，一九三三和一九三四兩年間，她去維也納Bergasse十九號佛洛伊德診所接受分析。文中某處她突發奇想說，Bergasse，不妨說是Freudgasse。

Freudgasse！我也走過，打從不同的路徑。

在一九九〇年代初期我最初接觸到佛洛伊德時，我視他為女性的敵人。我常常讀到他如何貶低女性，因此常常想要反駁他。每次我都到圖書館尋找他的著作，但每次都重新認識這不是一件容易的事，面對著書櫃中一列排開的二十五冊厚厚的佛洛伊德著作全集，我都會再次對自己說：只有被虐症者才會上當，我不幹。

可是卻又不斷讀到女性主義者引述佛洛伊德說，「女性缺少最重要的器官，陽具，她是被閹割的殘缺者，男性和女性自己都因此鄙視她」，「男性懼怕被閹割，從而放棄本能衝動，壓抑戀母慾望，並內化父親的道德律，而女性無此畏懼，無以發展內在的道德律」，「男性能夠成長為客觀、公正，進入廣大的文化社團，女性卻陷於情緒化、無法超然公正」等等。

這是一些什麼話嘛？因此我還是上當了，決定要反擊。我開始翻開佛洛伊德著作，邊讀邊咕噥，這是什麼謬論？

譬如，新生兒最初是口腔期，然後是肛門期。肛門期的利必多能量如果沒有得到恰當的處理，就可能形成「肛門滯留（anal retentive）人格」，養成過於注重細節、吝嗇、挑惕、愛操控的人格特質。

我嘴裡咒罵，胡言亂語！但就在這一刻，客家話（我是客家人）的一個用詞——「掮屎」（giug sii）——閃入我腦中。根據《台灣客家語常用詞辭典》，「掮」是「忍住，悶住」的意思，「掮屎」的字面意義完全等同於

「anal retentive」，雖然其衍生意義「傲慢」與前面所述的肛門滯留人格特質不直接等同。閩南話中也有類似的用語，根據《教育部台灣閩南語常用詞辭典》，「攝屎」（liap-sái）是忍住大便，衍生作形容詞，為小氣、吝嗇的意思；此詞無論在字面上或衍生意義上，都高度吻合於佛洛伊德對肛門滯留人格的描述。由此我窺見，佛洛伊德的觀察與推論可能直指事物與語言的某些面向。

從此我改以認真的態度研讀佛洛伊德。有一天，我正在書房裡聚精會神撰寫一篇論文，讀小學的女兒走進來問我：「青是什麼色？」我頭也沒回，理所當然地說，「青，青天，是藍色的。」女兒回我一句：「青山是綠色的。」那時我正在讀《夢的解析》，第二天早晨吃早餐時我霧煞煞地說，「佛洛伊德說夢是願望的實現，但我昨晚做的這個夢跟願望的實現有時麼關聯呢？」接著我簡單描述，我夢見一個竹籃子裡裝著一雙襪子，一隻螢光藍，一隻螢光綠。

女兒立刻口氣尖銳地說，「你還在跟我爭辯！」這句話有如當頭棒喝，讓我啞口無言，陷入深思。

佛洛伊德說，夢的解析沒有止盡。意識與無意識交錯的廣袤，浩瀚無垠，解夢的線索往往杳如海底撈針，無以尋覓。幸好女兒給出當即的資訊和情緒回饋，串起夢的前世今生。我因而領會，夢中的鮮明意象，正如佛洛伊德說的，是無意識與自我協力之作，將後者未解的困頓在夢中視覺化，還原為無意識的畫謎，熠熠有如天啟。我恍然大悟，女兒說我的夢顯示「你還在跟我爭辯」，這意味著她認為前一天我是在跟她無理爭辯，我的夢正是這爭辯的延續；而我意識到，前一天我對她的態度是不對的，我不應以粗心的偏頗之論敷衍她。

由此我認識到夢的奧杳與可貴。這個夢其實是在試圖解決困境，它以鮮明的意象顯示，青是藍的，也是綠的。這兩面有如夢中的兩隻襪子，又如貓眼石閃著的兩種不同顏色，相連相依。這種字詞，雖不若佛洛伊德在〈論祕異〉（Das Unheimliche）一文中討論的 unheimliche 一字那般詭異，但也劍指知覺、認知、語言裡的某種多義重疊，當放在超主體的情境，可能造成傳達和理解上的障礙。而我做的夢用意與其說是「還在爭辯」，毋寧是釋疑與和解。我在夢中延續前一天與女兒的對話，說，「你是對的！青不僅是藍色的，也是綠色的，讓我們和解吧！」

就這樣，我一步步走入Freudgasse，懷裏揣著未解的女性之謎，一如

H．D．……

【推薦序二】

# 意識流的文學技藝與自由聯想的臨床想像

蔡榮裕（臺灣心理治療個案管理學會理事長）

希爾達．杜利特在《禮讚佛洛伊德》裡這麼說：「難怪我很驚恐。我讓死神從窗子進來。如果我不讓像窗戶破璃蒙上一層冰的智力保護我的靈魂或我的情緒，我就讓死神進來。」（p.238）這是什麼樣的生命狀態？不管怎麼說，任何人要運用高度文明化的語言描繪生死這種原始的生命經驗，其實都很難到位。如果真要從這本書裡瞭解希爾達的生命遭遇，尤其是生命早年的情況，實屬不易。她以文學或小說的手法加工一己的生命經驗，如她文中所述：「我本來是預期見到的是冷漠、超然而經常受人批評的科學家，結果我卻發現了藝術家。西格蒙特．佛洛伊德說，『啊，妳把這一切說得那麼美。』」（p.259）

如果希爾達是為了處理人際上不斷的挫敗，或和父母的關係，那麼這本書的內容裡透露了什麼讓她得以改變的因子呢？其實仍很難確定，但是她說的那些話，是有可能帶來潛移默化的效應。愈文明的語言和文字——如她以如此精緻的語言形式訴說著高度知性的內容——就意味著愈遠離生命早年的實質經驗。愈原始的創傷經驗——例如嬰兒還缺乏語言的口腔期和肛門期階段——就愈無法描繪。創傷經驗會不斷尋找語言或意象，來說明那些經驗。

例如，希爾達這樣描繪自己：「在過去記憶的精緻結構上……那個陰影是出現在牆上的書寫，是一條像未完成的倒S形曲線，下面有一個點，像一個問號，是一個問題的陰影——這就是嗎？這問號似乎要遮蔽那些顯然最令人滿意的答案。沒有答案是最終的。那答案隱含『死亡』、『終極性』、『死海果實』的成分。教授的解釋有時似乎太具啟蒙作用。我那蝙蝠似的思考翅膀會在那種突然出現的探照燈中痛苦地拍擊著。」（第一部分第21節）

如前所述，優美地描繪「死亡」，而且和「終極性」或「死海果實」這些象徵相聯結，這是和生命經驗、尤其是和生命早年的經驗相聯結還是脫節呢？

其實更像是脫節，但勢必又和什麼有所聯結，才會讓我們在閱讀時有種貼切感。貼切感和脫節感此處交會，這是怎麼回事呢？

我以「自由聯想」這項技術說明在文學書寫技藝裡的某個面向，做為參考。

任何語言都是文明的結晶，其意義受到限定，而那些原始的經驗則是混合了身和心的複雜因子；當我們以語言述說時反而遠離了生命原初的創傷經驗。不論自由聯想走得多深，述說一己故事何以會帶來改變仍是個未解之謎。因此我認為，真要從《禮讚佛洛伊德》去了解希爾達的生命經驗，是不太容易的。這是從科學的層面來說明，但希爾達並不是從這個方向來描繪自己的經驗，她採取的是文學手法，以小說形式探索另一種精神的真實。

一九八四年英文版編者諾曼．皮爾遜（Norman H. Pearson）說《禮讚佛洛伊德》是希爾達的戰爭三部曲的第三部，「這三本書都是再創造，一如所有的文學都是如此。」（一九八四英文版序）他以為，對希爾達來說，讓自己持續記得（remembering）某些人事物是很重要的，而且這記得是現在進行式，不是一種往事回憶而已。依我的看法，精神分析或分析治療處理的是患者內心世界光譜的另一端，需要的是更有「層次感」的了解，而這就涉及技術和態度的問題。

亞當・菲利普斯（Adam Phillips）則更傾向以文學角度來看待希爾達如何忍受痛苦、處於艱難時局的不安，以及人際關係難以維繫的困局（參二〇一二新編《禮讚佛洛伊德》序）。她需要尋找一種鮮活的表達，讓自己得以在餘生裡活下去，我大致也是這樣想，不過在這個有限的篇幅裡，我主要還是想著重《禮讚佛洛伊德》書寫的文學技藝和精神分析診療室中「自由聯想」技術間的對比。

佛洛伊德傳記作者瓊斯（E. Jones）以為《禮讚佛洛伊德》是所有佛洛伊德傳記文學中最迷人的作品。希爾達圍繞著精神分析，尤其是佛洛伊德感興趣的主題：自由聯想、夢、神話、宗教……，次第開展她的故事，每個章節彷彿就是她在佛洛伊德診療室裡的一次療程。這是古典精神分析所預設之某種高功能患者的會談情況，我相信當代高功能個案的會談狀況也大致是如此。

佛洛伊德將自由聯想比喻為火車上坐窗邊的旅客對坐在靠走道的旅客描述行進中窗邊看見的景色，這比喻大致是針對精神官能症的案例，因為一般精神官能症患者通常比較克制、壓抑、慎思。佛洛伊德要患者直抒腦海中浮現出來的話，不要過濾和判斷，但是這種指導語在實踐上，會有不同的想像和著重點。一般來說是以不判斷、不過濾為要旨，而不是說著如一盤沙拉般難以理解的話。

然而不少個案是剛出生不久就蒙受創傷，累積了很多原始的、無法言喻的破碎心智經驗，他們不如精神官能症患者有克制力，容易以行動來表達，即便以言語表達，也常常是很難理解的。如同維尼吉亞・吳爾夫（V. Woolf）小說《燈塔行》（*To the Lighthouse*）那樣的意識流敘述，或者更常見的是一直固著在重複簡化的因果關係的故事裡，不會如《禮讚佛洛伊德》那般，有著豐富的想像和內容。

吳爾夫那難以聚焦、自由聯想式的意識流書寫反映當時某些文人對診療室工作模式的主張或想像。希爾達在被分析後留下了會談的筆記，但那些筆記在她書寫這本書時並不在身邊。她在這本書中的每個章節都圍繞著佛洛伊德精神分析發展的重要主題——如神話與夢等——做擬真似的書寫，主題明確，相較於無法聚焦的意識流明顯不同。

一般想像中的自由聯想就如吳爾夫《燈塔行》的意識流，不過就臨床經驗來說並不是這樣，也許患者原始的內心狀態是一片混沌，但只要向著對象言說，並且是對著治療師開口，不太可能會是那種混沌難解的意識之流。自由聯想的述說是一種如同藝術般的技藝，是患者和治療師的共同創造，其形式或許不如一流文學家的作品來得精緻，但的確比較接近希爾達在這本書裡的說話方式和內容。

【導讀】

# H・D・與佛洛伊德的對話——讀《禮讚佛洛伊德》

朱慶園（復旦大學中文系文藝學專業博士研究生）

H・D・全名希爾達・杜利特，是二十世紀美國重要女詩人，初以意象派成員成名，也從事翻譯、小說和劇作的創作，其代表作有《海的花園》（*Sea Garden*, 1916）、《海門》（*Hymen*, 1921）和《三部曲》（*Trilogy*, 1944-1946）。《禮讚佛洛伊德》是H・D・基於接受佛洛伊德精神分析治療經歷而創作的回憶錄，由〈牆上的書寫〉（Writing on the Wall）和〈降臨〉（Advent）兩部分構成。其中〈降臨〉是H・D・第一次治療期間（一九三三年三月一日至一九三三年六月十二日）的日記。但在她一九四四年寫作〈牆上的書寫〉時並沒有參考這些日記，因為她的筆記本當時留在瑞士。後來她才得以重新整理日記，形成〈降臨〉這一文本，因此它既是〈牆上的書寫〉的前傳又是其後續。

## 一、《禮讚佛洛伊德》的文本形成過程

H．D．於一九三三年三月至六月及一九三四年十月至十二月兩次於維也納接受佛洛伊德的治療。讓她尋求精神分析幫助的是她在一戰時期及戰後的經歷：期間她的父母和一位兄長去世，她歷經一次流產和一次重病中的生產，以及婚姻和其它情事的崩潰解體。此前她已接受過一些分析治療，治療者包括瑪麗．查德威克（Mary Chadwick）、漢斯．薩克斯（Hanns Sachs），她與哈維洛克．艾利斯（Havelock Ellis）間也有過一些非正式的諮詢。漢斯．薩克斯由於自身事務無法繼續為H．D．提供分析治療時，將她引薦給了自己的友人佛洛伊德。

可以說H．D．是一位相當「有資質」的被分析者。她具有接受治療的經驗，且在治療開始前一年深入閱讀了佛洛伊德的研究著作與期刊文章。而更重要的是，她作為一個文學寫作者，在接受佛洛伊德治療的時間之外還可以通過寫作進行自我分析——在接受治療初期所記日記中她就是這麼做的。但是佛洛伊德並不希望如此，他需要的是H．D．更為原始、未經處理編排過的思緒作為分析材料，H．D．遵循其建議，於開始治療三週後停止記日記。

H．D．如此描述分析的方法與過程：「然而，思想和想像力的傾向並未被裁切，甚至未曾被修剪。我的想像力自由倘佯；我的夢境顯現出來，其中很多關涉古典文學或者聖經的象徵。思緒仿若物件，被收集、聚合、分析、分置或解決。碎片式的想法，似乎本不相關，卻常常成為一些思想和記憶的特別的圖層，因此聯結在一起。」這一原則甚至成為了H．D．寫作這本回憶錄的方法，她自述道：「我不想依嚴格的時間序列來寫作。我想喚起那些印象，更確切來說是想讓印象喚起我自己。讓印象沿著它們自己的路來臨，形成它們自己的序列。」一方面，這當然有日記本不在身邊的緣故，無從求證具體哪一天發生了哪件事，但這更表明相比起紀實性敘事，H．D．更篤信自由聯想揭示隱微真相的能力——這本身也就是對佛洛伊德的致意。於是在書中，記憶、夢境、幻象、神話伸出不可計數的細小藤蔓彼此勾連，或是因為事實的聯繫，或是因為文字的相關而生的聯想，又或是因為其中反覆出現的某種原型或模式。讀者若是希望從中找到對治療過程的忠實紀錄則不免失望，因為不論是接受治療的經過，還是作為分析對象的H．D．之前的經歷，還是她與佛洛伊德專業關係以外的交情往來，她的追思懷念全都打破時空的界限與次序交織在一起。讀者要不滿足於零星片段，要不就得牽一髮而動全身。

因此，〈牆上的書寫〉或許可以視作是H．D．時隔十年後以治療經歷為中心對自己進行心理分析形成的文本，錯綜地記錄著精神分析的過程與成果。作為佛洛伊德的治療對象、學生——書中她稱呼佛洛伊德為教授（The Professor）——與友人，她師承佛洛伊德，以探索心靈的方式聯結自身和人類的過去、現在和未來。只是這種師承並不意味完全的接受與忠誠，畢竟敘說這一切的是H．D．自己的聲音，一位女性詩人的聲音，從中亦可讀出其對於佛洛伊德學說的體會、對佛洛伊德其人的認識。

我們也不妨以釋夢的方式來讀這本回憶錄，就從H・D・在其中記錄的最重要的夢境和幻象出發，抓住這些從盤根錯節的「夢念（dream thought）」網絡中進入「顯夢（the dream content）」的「交叉點（nucleus）」，順藤摸瓜尋求它們背後的隱意——它們所關聯的H・D・過往的生命經歷，佛洛伊德的答案和她就此與佛洛伊德的對話。

## 二、幻象與夢

回憶錄第一部分〈牆上的書寫〉得名於H・D・於一九二〇年春希臘科夫島的旅館中見到的一組幻象，H・D・認為這是由於其不穩定的身心狀況而產生的幻覺，在治療期間曾向佛洛伊德講述這次經歷，期望得到他的解釋。這組幻象在H・D・記錄的所有幻覺經歷和夢境中佔據著核心的位置。

書中第32至41篇記錄了看見幻象的經過及其內容，概括如下：

一天午後H．D．在旅館房間床腳和臉盆架之間的牆壁上看到一連串由光影組成的圖像。這一連串圖像包括：

1.牆上有光亮慢慢形成一個男人的剪影，戴著一頂軍帽。

2.接著出現一個聖杯的輪廓。

3.繼而在臉盆架上方，出現由三條線連接起來的兩個圓圈，像是她隨身攜帶的酒精燈燈座，也正是著名的德爾菲三腳架（Delphi Tripod）的形狀。

4.在三腳架的底座出現一群黑色的、聒噪的螞蟻或蒼蠅的類似物。

5.這群黑色昆蟲消失，臉盆架上方又出現兩個光點，各自相當緩慢地延伸形成一條線。接著這條線上方有更多的線以同樣方式形成，並逐漸變短，呈梯子狀。

6.在梯子最頂端出現勝利女神尼克（Niké, Victory），她快速地如漂浮一般向上移動。

7.女神的右邊出現一串倒轉的「S」形，形狀像是臉盆架鏡子邊框上的裝飾，女神經過但沒有觸碰它們。

8.女神左邊出現一些帳篷樣的三角形狀，她從中穿過。

整個過程中H．D．全神貫注地盯著牆面，生怕稍不留神圖像便會消失，因此感覺相當困難。在第三個圖像出現後，與她同行的女友布麗荷（Bryher）來到她身邊，H．D．告訴她自己看到幻象以及感覺到的困難，布麗荷鼓勵H．D．堅持下去。到第八個圖像結束，H．D．已無法堅持凝視，圖像終止。但布麗荷卻說她看到了最後一個圖像：像太陽的圓盤中有一個人形，應該是男人，他伸出手在他旁邊、太陽中畫了一個女人的形象。H．D．認為那個女人就是她看到的勝利女神。

佛洛伊德對此幻象給出的解釋之一是：H．D．所看到的幻象反映了「她與母親合體的願望」。佛洛伊德認為H．D．此行來到維也納也是為了找到自己的母親。

可惜現在很難根據H．D．所寫還原出佛洛伊德的分析過程，不過她的自由聯想式寫作本身便為我們提供了不少線索，其中一些當是H．D．曾經告訴過佛洛伊德的。幻象發生的背景是H．D．與布麗荷前往希臘的旅途。希臘，尤其是德爾菲，一直以來被H．D．視作聖地，一九一九年當她從疫病與生產中逐漸康復的時候便想著要是能到德爾菲，她就一定能好。她們去了雅典，來到科夫島，但實際條件卻不允許她們前往德爾菲，因為這對於獨自旅行的兩個女人來說太危險。H．D．對於希臘的嚮往的緣由除了對於古希臘文學的著迷以外，或許還有一個重要原因——她的母親名叫海倫，書中她也曾引用愛倫．坡（Edgar Allan Poe）的〈致海倫〉（To Helen）一詩。她的母親是位音樂家，她認為自己的藝術天分繼承自母親，她自然也知道德爾菲是音樂家與預言家的聖地。幻想中出現的勝利女神，因常出現在雅典娜塑像的手中，本也就是雅典娜的標誌，而雅典娜也掌管藝術。此前在雅典，她已在衛城中看見過勝利女神的小小神廟。

佛洛伊德對H．D．對於母親的眷戀很是篤定。他認為H．D．來到維也納接受治療是為了找到自己的母親，察覺到H．D．實際上想將告訴自己的事情訴說給母親。書中無法看出H．D．是否曾明確告訴佛洛伊德自己的雙性戀傾向（布麗荷實際上是H．D．的同性戀人），雖然她曾向佛洛伊德承認自己對於佛蘭西絲．約瑟發（Frances Josepha）的迷戀。但無論如何，佛洛伊德一定知道這點，因為在他的學說中女同性戀便是由於女孩幼時的戀母情結未能成功轉化為戀父情結而形成的。就在H．D．接受其精神分析的同年（一九三三），佛洛伊德出版了《精神分析引論新編》（*Neue Folge der Vorlesungen zur Einführung in die Psychoanalyse*）一書，其中第五章《婦女心理學》便詳論了女孩的性心理及女同性戀的成因。佛洛伊德認為在生殖器期之始，男孩與女孩的第一個愛的對象都是其母親，是女孩對自己被閹割——即缺乏陽具——的事實的發現導致了三種可能的轉折：一是性的制止或神經症，二是男性情結，三是正常的女性。其中第二種男性情結轉折意味著女孩為了反抗閹割的事實而變本加厲地表現本有的男性特質。不過佛洛伊德根據分析的經驗指出，女同性愛通常不是幼時男性情結的直接延續，而是女性在轉向戀父情結後對父親感到失望再復返於早期男性情結的結果。

佛洛伊德曾問過H．D．她的父親是否「有一點冷漠，有一點拘謹」。H．D．的回答是肯定的。雖然她從小為父親偏愛，被准許在他工作的時候（他是天體物理學家）待在他的書房中。但是她得保持安靜，自己玩娃娃，她的父親也一直沉默而疏離。母親則偏愛她的哥哥。H．D．在書中記述過這樣一段幼時回憶：母親帶她和哥哥外出購物，哥哥坐在街邊拒絕跟母親回家，母親佯裝走開，當然實際上仍然待在附近。H．D．選擇留下來和哥哥一起，因為她覺得「如果和哥哥在一起，幾乎成為他的一部分，也許就能和母親更近一些」。而「牆上的書寫」幻象中的第一個圖像，戴軍帽的男人剪影，最先讓H．D．想到的也就是母親偏愛的那個哥哥——他在一戰期間戰死於法國。

我們不知道佛洛伊德是否依據其兒童性理論為H．D．分析過她的「閹割情結」和「陽具嫉妒」，但他曾給H．D．以暗示。佛洛伊德愛好收藏古代文物，曾向H．D．展示過一個雅典娜的塑像，並說「她很完美」，只是「她失去了她的矛」。對於H．D．而言「矛」的陽具隱喻不難領會。她立刻聯想到雅典娜手中的尼克（勝利）女神，曾是有翼的，但雅典城中的尼克塑像卻是無翼的（Nike A-pteros），因為無翼的勝利才無法飛出雅典。缺失的翅膀意味著勝利永駐，這或許可以視作H．D．對佛洛伊德女性「陽具嫉妒」說的某種含蓄的反抗。同時更直白的反抗見於H．D．的〈大師〉（The Master）一詩：

我對那老頭發火，
對他談及男性力量而發火，
對他的神祕，他眾多的神祕，繼續發火，
我爭辯直到破曉；

哦，天色已晚，一切太遲了，
神將原諒我，原諒我的憤怒，
可是我卻無法釋然。

我無法出於智慧接受
愛所教誨的這點：
女人是完美的。[1]

該詩寫於一九三四到一九三五年間，但一九三五年H．D．拒絕發表此詩，擔心自己和佛洛伊德的治療會因這首詩而受到干擾，或許正是由於詩中如此直白的反抗。

另一個至關重要的夢是「公主的夢」（The Dream of the Princess），H．D．稱之為治療期間所做的「最鮮明的，具有最清晰意義」的夢，也曾講述給佛洛伊德作為分析材料。夢的內容如下：一個黑膚色的女人，身著亮色長袍，黃色或淡橙色，像是印度女人穿的紗麗。但她是埃及人，任何人都能看出來她是一位公主。她出現在一段很長的大理石樓梯的頂端，樓梯向下通向一條河。她往下走，來到河邊。夢中的H．D．等在那裡，她不知道自己是誰、來幹什麼。她發現一旁的河水中有一個淺淺的籃子，或者是平底船、盒子一類的東西，裡面有一個嬰孩。她知道公主一定會找到這個孩子，會給予他庇護。

顯然，H·D·自己也知道，她夢到的是《舊約·出埃及記》中著名的一幕：蘆葦籃子中的摩西被埃及公主從河中救下。佛洛伊德認為H·D·在夢中可能是那一幕半藏在草叢裡的孩子，也即摩西的姐姐米利暗（Miriam），她一直尾隨著裝著摩西的蘆葦籃子直到它被埃及公主發現，並對公主說可以找一個希伯來婦人（其實也就是她的母親）當這個孩子的乳母。但也有可能H·D·就是蘆葦籃子中的嬰孩摩西本身。這個夢顯示出H·D·在無意識或潛意識最深處渴望成為一種新宗教的建立者，成為一個英雄。他對於「牆上的書寫」的另一個解釋也同樣涉及宗教：這組幻象是昭示了危險的自大狂傾向，表明H·D·的成為女先知、變得舉足輕重的欲望。

H·D·並不能完全接受佛洛伊德的診斷。「教授永遠都是對的，儘管我們有時會用不同的語言或媒介表達我們的想法」，H·D·這樣評價道。因

1 編註：全詩請見本書〈中文版附錄〉。

此，對於佛洛伊德而言是「危險的症狀」的幻象，對於作為詩人的H．D．而言卻是靈感的源泉，是「藝術家心靈的延伸，一幅畫或是一首附插圖的詩，從夢或白日夢中而來，由內部向外投射」。對於H．D．而言，宗教、藝術和醫學融合在一起形成了某種新的表達手段甚或生活方式，這三者為德爾菲三腳台所象徵——過去女先知便是坐在這三腳架上道出神諭。

這裡的醫學指的便是佛洛伊德的精神分析學說。H．D．將佛洛伊德比作阿斯克勒庇俄斯（Asclepius），因為他像這位希臘醫神一樣能夠使人「起死回生」——他從死去的或受到重創的心靈和失調的身體中喚起一個活生生的孩童——也即被壓抑忘卻的童年回憶——以期身心的療癒。H．D．認為佛洛伊德喚起了那個早已死去的「呼喚母親的孩子」。也正是佛洛伊德「將她從束縛中解放，得以知曉神示」。

只是佛洛伊德自己大概不會認可H．D．這種將他的科學與宗教捆綁起來的論調，他自身立場是唯物的。他視基督教為一種「神話」（myth）。在《夢與心靈感應》一文中，他用釋夢的方法論證所謂的夢中心靈感應並不足以成為神祕主義者的論據。而在Ｈ．Ｄ．的這本回憶錄中她也提及佛洛伊德對於永生的看法，「我們人類沒有權利放任自己沉浸於虛無縹緲的來世的幻想與夢境之中」。佛洛伊德與Ｈ．Ｄ．談論起自己的孫輩、對他們未來的擔憂，這讓Ｈ．Ｄ．感到他只相信實際的血脈在人間的延續而不信不朽的靈魂，並因此而感到不安。

## 三、〈牆上的書寫〉的潛臺詞——Ｈ．Ｄ．對佛洛伊德的抵抗

實際上，也無需在〈大師〉之類外部文本中尋求Ｈ．Ｄ．對佛洛伊德學說有所反對的證據，因為最確鑿的證據——無論是否是Ｈ．Ｄ．有意為之——就潛藏在回憶錄文本內部。學者瓊安娜．斯皮羅（Joanna Spiro）在〈「被天平稱量」：〈牆上的書寫〉中Ｈ．Ｄ．對佛洛伊德的抵抗〉（Weighed in the Balance: H.D.'s Resistance to Freud in "Writing on the Wall"）一文中論述了Ｈ．Ｄ．回憶錄如何包含著對抗佛洛伊德學說中在她看來過於講求物質的傾向和菲

勒斯中心主義的潛臺詞。

H．D．的〈牆上的書寫〉最初來源於《舊約．但以理書》，她自己在書中也指出這一淵源。猶太人但以理具有解釋夢境幻象的能力，顯然可以與佛洛伊德作比。《但以理書》中伯沙撒王（Belshazzar）舉辦盛宴，他的賓客們用從耶路撒冷殿中掠奪而來的器皿喝酒，此時伯沙撒王看見牆上有人的指頭顯出並寫字「彌尼，彌尼，提客勒，烏法珥新」，召來但以理釋讀。但以理解釋道：「彌尼，就是神已經數算你國的年日到此完畢；提客勒，就是你被稱在天平裡，顯出你的虧欠；毗勒斯（與〔烏法珥新〕同義）就是你的國分裂，歸於瑪代人和波斯人」（本文中《聖經》中譯均依中文聖經和合本）。果然當夜伯沙撒王被殺。「被稱在天平裡，顯出你的虧欠」因此意味著因貪戀物質享受而瀆神。

H．D．試圖做的正是將佛洛伊德置於本應為其同類的但以理的對立面——貪欲瀆神而自趨滅亡的伯沙撒王。在描述佛洛伊德給她展示雅典娜塑像的時候，她對佛洛伊德之言「她很完美，只是失去了她的矛」進行了一番解讀：「正像猶太人那樣，他正在替它（塑像）估價；亞伯拉罕、以撒和雅各的血液流在他的血管中。」她繼而又引用《威尼斯商人》中夏洛克要割安東尼奧一磅肉之典：「他知道他的磅數，他的那一磅肉，如果你願這麼說的話，但這磅肉卻是我們之間的一磅精神，是可以觸及的，可以稱重測量的，是要被稱在天平裡的——祈求上帝——不要被發現是有虧欠的！」不難讀出H．D．將佛洛伊德對於陽具這一器官的強調類比作夏洛克估量器官的價值並要割去安東尼奧心臟的行徑，認為將精神現象完全歸於物質性器官的有無是瀆神的。此外，佛洛伊德描述自己對人類心理的探索為「挖油井」：「是我在挖油井。但油井的內容物目前只經過採樣。有足夠的油、足夠的物質來研究和開發，這能持續五十年、一百年甚至更多。」H．D．認為佛洛伊德是在用華爾街商人式的口吻描述自己的工作，也可見出她對於佛洛伊德體現於其學術研究中的「猶太人本性」頗有微詞。

與此同時，H．D．試圖將但以理的虔誠與靈性移置於自身。書中，她講述自己初次見到佛洛伊德時其獅子狗約菲也在一旁，佛洛伊德警示她約菲會咬陌生人，她卻不願示弱，成功與初見的約菲一拍即合。這不啻為但以理另一次經歷的變相重演——但以理曾因違背禁令信奉上帝而被大利烏王扔入獅穴卻仍然安然無恙，因為上帝派遣使者封住了獅子的口。上帝的力量超越了大利烏王的強權，但以理訴諸神力而能和獅子安然共處；同樣地，H．D．認為有一套不同於甚至高於佛洛伊德的邏輯，讓約菲非但不傷害反而親近自己：「你是個男人。約菲是條狗。我是個女人。如果這條狗和這個女人合得來，那就證明了在你由因果律得出的批評（如果那算的上是批評的話）之外，還有其它的領域，為不同的因與果、不同的問與答主宰。」這次初見便已充分說明H．D．對於自己的治療者和老師佛洛伊德並不會採取完全恭順的態度，而是自始至終都不曾放棄挑戰者的立場。

## 四、開放的「油田」

佛洛伊德本身也不要求H．D．對他絕對敬仰和服從，他的確是「油田」

的開拓者，但他不願「油」的應用，能用來做什麼、應該用來做什麼都取決於自己的意願，油田的開採對於後世所有人來說都是開放的，對於H．D．而言自然也是如此。的確，H．D．與佛洛伊德的分歧主要也並不在「油田」（佛洛伊德精神分析的基本原理）本身，而在「開採油田的方式」（對精神分析的使用方式）上。

綜合來看，H．D．與佛洛伊德的分歧表現為：H．D．認為的「完美的女性」與佛洛伊德學說中的菲勒斯中心主義的分歧；H．D．的宗教信仰與佛洛伊德的唯物立場的分歧；H．D．帶有神祕主義色彩的對於幻象、夢境的重視與佛洛伊德對此的病理性解釋的分歧，也即其注重的「精神性」與佛洛伊德學說的「物質性」的分歧。後來的學者多將《禮讚佛洛伊德》視作以女性主義立場批判接受精神分析學說的先驅之作（DuPlessis and Friedman），但實際上H．D．的詩人身分對她接受佛洛伊德學說的方式也起著決定性的影響。

當然，對於H．D．而言，女性身分與詩人身分本就是不可分的。如前文已述，H．D．的世界觀是古希臘德爾菲式的，她認為宗教、科學／醫學和藝術三者本為一體，都是人類認識世界、瞭解自身、療癒人體與世界疾苦的方式，然而在她看來佛洛伊德卻只注重其中的科學／醫學，並以之解構宗教甚至藝術。在精神分析過程中，詩人視作靈感源泉的夢與幻象被歸為埋藏心底的某種病態（如妄想症）的徵兆；H．D．既已提前閱讀過佛洛伊德著作，大概也對他論及文學的如《作家與白日夢》、《三個匣子的主題思想》、《杜思妥也夫斯基與弒父者》這樣的名篇有所涉獵，其中世界文學的巔峰傑作都被佛洛伊德作為自己學說的實驗場，哈姆雷特作為最複雜的文學人物之一的魅力也被歸結為禁忌的亂倫渴望。佛洛伊德並不意在摧毀文學藝術的價值，但不妨礙H．D．從中嗅出精神分析學說介入文學批評後一種危險的傾向。這種後來庸俗化為將文學作品的複雜情節、複雜人物、複雜情感不分青紅皂白解釋為不倫欲望的壓抑的批評方式，或許可以借用後來哈洛．卜倫（Harold Bloom）的戲言描述：「我的調侃是把『佛洛伊德式文學批評』比為神聖羅馬帝國：它既不神聖，也無關羅馬，更非帝國；它既不是佛洛伊德的，也無關文學，更遑論批評。」

正如卜倫為了維護文學的地位而論證莎士比亞是佛洛伊德思想的「父親」一樣，H．D．為靈感辯護的手段也包括將佛洛伊德精神分析學說的誕生歸結於靈感的作用，雖然是以虛構的方式。在〈牆上的書寫〉第59篇中，H．D．試圖重構佛洛伊德獲得其靈感的瞬間。雖然分析師華爾特．希米德堡（Walter Schmideberg）告訴H．D．精神分析基本觀念不是佛洛伊德拍腦子想出來的，而是基於長期積累的科學觀察資料，但H．D．並不滿足於這個答案，她「想知道，那道靈感的閃光是在什麼確切的時刻、以什麼方式出現，在佛洛伊德的內在心智或靈魂之中發出卡啦一聲，發出某種聲音，發出叫聲，**這才是真諦**。」，而且認為對於那個瞬間「我們自己可以自由地想像、重建，甚至就像在一部戲劇或電影中那樣，看到那些角色置身在其清晰的背景……」

H．D．的想像確有其現實依據：其一，佛洛伊德正是在一八八五年留學法國師從夏科醫生（Dr. Charcot）的過程中開啟對神經症的研究，踏上心理學的道路；其二，佛洛伊德自幼就感受到身為猶太人遭到的歧視和侮辱；其三，佛洛伊德從小就敬仰古代迦太基名將漢尼拔，正因其率領著強大的軍隊與壓迫猶太人的羅馬對抗；其四，佛洛伊德的確從少時就開始欣賞研讀莎士比亞的作品。基於此，H．D．構想了佛洛伊德在面對一個自認為是凱撒的神經症病人時靈光閃現的過程：

一些小室前面有橫木條（出現在這種純然從我們直覺的想像中所建構出來的情景中），然而這些籠子似的小室有時會呈現出好像是一齣戲劇中的情景。凱撒在那兒大搖大擺地走著。那兒有漢尼拔——漢尼拔？為什麼是漢尼拔？小孩時代，他自己很崇拜漢尼拔，想像自己是世界的征服者。但是每個男孩都會有這種時候，想像自己佩戴著劍、穿著甲冑，大搖大擺地走著。……這個人現在可能在扮演他的父親——難道父親不就是凱撒、征服者、權力的象徵、沙皇、神聖羅馬皇帝、孩子的王國中的國王……想必有什麼事情隱藏在今日醫學的整個形成過程中，想必有什麼更進一步或更深一層的事情，想必有什麼事情會揭露榮耀人物這種狀態的祕密，以及其他狀態和情況的祕密——想必有些什麼事情……啊，漢尼拔！橫木條後面有凱撒——漢尼拔在這兒，我，西格蒙特．佛洛伊德，在這兒，注意看著橫木條後面的凱撒。但凱撒是征服者——他是嗎？——我來，我見，我征服——是的，我將征服。我會的。我，漢尼拔——不是凱撒。我，被人輕視的迦太基人；我，羅馬的敵人。我，漢尼拔。……我，西格蒙特．佛洛伊德，了解這位凱撒。我，漢尼拔！（本書第一部分第59節）

H．D．不僅將佛洛伊德精神分析的起源歸結於靈感，更進一步將這靈感以佛洛伊德的方式歸結於他自小因猶太人所受歧視而生的憤懣不平、繼而生出的雄心壯志、童年時期的漢尼拔幻想，以及對於莎劇的諳熟（這一點與後來者卜倫不謀而合）。或許H．D．在反抗佛洛伊德的過程中反覆訴及其猶太人的特性與民族情感略有勝之不武之嫌，但她模擬的也正是佛洛伊德的做法——將H．D．的靈感歸於其童年時期對於自身性別缺乏陽具這一缺陷的體驗，以及英雄幻想，並視之為病態。H．D．想要藉此表達的是，正如佛洛伊德可以從他童年的英雄幻想與所感受到的憤懣情緒中演化出他的偉大學說，她具有相同性質來源的靈感和因此產生的作品也就不應以其來源的緣故受到貶低，甚至更相反，會因此更具力量。

H．D．的對抗顯然是一體兩面的，因其建立在對佛洛伊德學說接受的基礎上。寫作〈牆上的書寫〉，她遵循的是佛洛伊德自由聯想法則，上面重構佛洛伊德得到靈感過程的小片段，她也幾乎呈現出一位精神分析師的資質。在她看來，精神分析不應用來摧毀文學的力量，而應解釋它的力量，甚至成為它的力量。因為H．D．認為：精神分析對於人類心靈的洞察，尤其其中對於個體童年記憶及可以與之類比的人類遠古記憶的詮釋，將人類的過去、現在與未來聯結起來，成為其德爾菲三角台中和宗教、藝術一樣不可或缺的一極——科學／醫學——的重要組成部分。而這也與她早在一九二六年所作一本名為《重寫之書》（*Palimpsest*）的小說中為自己個體與集體的歷史創造的隱喻有契合之處：

「重寫之書」（palimpsest）在希臘語中的字面意義是「再次擦

> 除」，在英語中指的是一塊未被完全擦乾淨、被書寫很多次的板子。H·D·在《重寫之書》、《三部曲》和一些日記中使用這個隱喻來傳達她「疊加」（superposition）的概念，也即相似事件在時間中的層累。當她用這個隱喻形容自己的人生時，個體歷史成為一連串寫在同一塊板子上的「字跡」。每一段時間的圖層都會被抹去給未來讓路，但新的圖層卻永遠在某種程度上為舊的決定。對於H·D·來說，災難的重寫之書涉及戰爭、死亡、愛情中的背叛帶來的相互關聯的打擊。其中任何一個的出現都讓她先前和其他幾個相關的經歷浮現出來。……作為心理的一個意象，重寫之書暗示著有意識和無意識的記憶和壓抑的心理動力學；作為歷史的一個意象，它標誌著建構起看似線性前進的時間的週期性重複。
>
> （González）

佛洛伊德的精神分析不僅為H·D·確證了她的個體歷史對其生活、創作的決定性影響，更為她揭示了產生這一影響的機制。在論及自己接受佛洛伊德治療的終極目標時，H．D．說道：「有什麼東西在我腦中悸動；我不說在我心中，而是在我腦中。我要它被釋放出來。我要從重複的想法和經驗中解放——從我自己的，以及從許多和我同時代的人的想法和經驗中解放。我並沒有特別體認到自己想要什麼，但我知道，就和我在英國、美國和歐陸所認識的大部分人一樣，我正在流浪。我們都在流浪。流浪到何處呢？我不知道，但至少我接受一個事實：我們正在流浪。……藉著潮流聚集的力量，我至少可以趁早進入淺水處，估量我的心與身那相當有限的所有物，並要那位住在這個廣大領域邊緣的年老隱士跟我談話，如果他願意，請他告訴我如何以最好的方法操縱我的方向。」（第一部分第8節）「老隱士」，毫無疑問，指的就是佛洛伊德。H．D．的這段話也暗示了她對佛洛伊德學說普適性的確信——相信精神分析昭示的人類心靈的真相能讓迷失在戰爭陰影中的「身在英國、美國和歐陸的人們」重新找到航向。

至少，佛洛伊德為她指示了尋找航向的方式，這體現在她接下來的文學實踐中。一九四二年她完成的《三部曲》中第一部長詩〈屹立的牆〉（The

Walls Do Not Fall）便呈現出她融合了精神分析學說的新德爾菲式世界觀。詩從戰爭的廢墟開始，隨後H．D．逐漸將人類對於某種終極答案的探尋與個體、群體歷史的循環往復，及其佛洛伊德式關乎潛意識、無意識的詮釋聯繫起來。她在詩中寫道：

這是煉金術師的鑰匙，
用以開啟祕密的門，

這禮物還能更進一步，
向著情感的精細提純，

長生靈藥，魔法石
會是你的，如果你願上繳

貧瘠的邏輯，瑣細的理性
好疏散心靈，直面玄妙傳說

發現祕密的門已被打開，
掙扎著，迷失在深海

無意識的海洋中魚
向兩個方向遊動，吞食；

當身分認同在深海，
與最好的融為一體，

章魚和鯊魚
從海底上浮：

幻覺，舊價值觀的顛倒；
失去了一致性，瘋狂。
……
意識的斷層、裂縫
必須被彌合；
我們都是，房主，
都有一批珍寶；
現在是時候重估
我們的祕藏

同時根據過去和未來，
無論那是

硬幣、寶石、金子
大酒杯、大盤子，

或者只是
護身符，唱片或者羊皮紙，
我們被毫不避諱地告知，
它包含著

對於每一位訓練有素的
抄書吏而言

新的事物
和舊的。

H．D．呼喚人們開啟通往無意識深海的「祕密的門」，重估已有的「祕藏」，它們中包含著「新的事物／和舊的」，因為正如佛洛伊德的研究所揭示的那樣，哪怕是最久遠的神話也關聯著人們的當下與將來。「重寫之書」這一意象也一再出現，但在這裡，「重寫之書」不再只被動地接受詩人生平遭際的疊加或篡改，反而成為詩人自身價值的確證。H．D．在詩中將詩人身分與記錄古老神諭與神話的抄書吏融為一體。面對戰爭中「詩人是無用的」這般質疑，她這樣回應：

劍啊，要記住
你才是幼弟，是後生，

你的功績，再怎麼令人欣喜，
終有一天要結束，

因為太初，
有道。（*In the beginning,/was the Word.*）

沒有想法，沒有構思，
劍啊，就不會有你，

沒有理念和道的仲介
你就還只在

想法居住的昏昧的維度中

隱沒不顯，
而在想法和理念之上
是孕育了它們的，
夢，
幻象。

夢與幻象生出「道」，這不啻為精神分析對宗教教義之顛覆的簡要概括。然而這裡，卻是詩人而非精神分析學家收回了桂冠，因為只有身為抄書吏的詩人們，才能在「重寫之書」上，破譯、書寫、改造著人們的夢與幻象——這也便是H·D·在與佛洛伊德的對話中，得以領悟並背負起來的使命。

# 參考文獻

Doolittle, Hilda, and Pearson, N.H.. *Tribute to Freud*. New York: New Directions Pub. Corp., 1984.

Doolittle, Hilda, and Martz, Louis L.. *H.D. Collected Poems 1912-1944*. New York: New Directions Pub. Corp., 1986.

DuPlessis, Rachel B. , and Friedman, Susan S.. "'Woman Is Perfect': H.D.'s Debate with Freud," *Feminist Studies* 3 (1981): 417-430. <https://doi.org/10.2307/3177758>.

González, Esther Sánchez-Pardo. "THE TEXTUAL UNCONSCIOUS AND ITS EFFECTS: AGGRESSION AND REPARATION IN H.D.'S WORK, 1935-1948," *Atlantis* 1(2002): 205–24. <http://www.jstor.org/stable/41055054>.

哈洛・卜倫：《西方正典》。高志仁譯。台北：立緒，二〇一六（哈羅德・布魯姆：《西方正典：偉大作家和不朽作品》。江甯康譯，南京：譯林出版社，二〇〇五）。

[Bloom, Harold. *The Western Canon: The Books and Schools of the Ages*. Trans. Jiang Ningkang. Nanjing: Yilin Press, 2005.]

Spiro, Joanna. "Weighed in the Balance: H.D.'s Resistance to Freud in 'Writing on the Wall'," *American Imago* 2(2001): 597–621.<https://doi.org/10.1353/aim.2001.0011>.

西格蒙德．佛洛伊德：《夢的解析（新版）》。孫名之譯。台北：左岸文化，二〇一九（西格蒙德．弗洛伊德：《釋夢》。呂俊等譯。長春：長春出版社，二〇〇四）。

[Freud, Sigmund. *Interpretation of Dreams*. Trans. Lv Jun et al. Changchun: Changchun Publishing House, 2004.]

西格蒙德．佛洛伊德：《精神分析引論（新版）》。彭舜譯。台北：左岸文化，二〇一八（西格蒙德．弗洛伊德：《精神分析引論新編》。高覺敷譯。北京：商務印書館，一九八七）。

[Freud, Sigmund. *New Introductory Lectures on Psychoanalysis*. Trans. Gao Juefu. Beijing: The Commercial Press, 1987.]

西格蒙德・弗洛伊德：《弗洛伊德論創造力與無意識》。孫愷祥譯。北京：中國展望出版社，一九八六。

[Freud, Sigmund. *Freud on Creativity and Nonconsciousness*. Trans. Sun Kaixiang. Beijing: China Outlook Publishing House, 1996.]

## 【代譯序】
# 佛洛伊德喜歡什麼花？

二十世紀初，英國有一位以英文姓名首字母H．D．為人所知的女作家，原名是Hilda Doolittle，她與伊茲拉．龐德（Ezra Pound）和理查．亞丁頓（Richard Aldington）都是有名的意象主義者（Imagist）作家。

男女作家相處難免日久生情。龐德是在H．D．家的一次派對中初見H．D．，立刻為她所吸引。龐德也是個很優秀的作家，但他就是沒有意識到，H．D．和亞丁頓已墜人愛河，有一次H．D．還對龐德說，「你知道，我已經聽從你的建議了。」原來，亞丁頓和H．D．曾在一九一二年六月，在盧森堡花園度過了一個早晨，他們兩人可能在夏天上了床，龐德也許風聞此事，就後知後覺地建議H．D．與亞丁頓結婚。

兩人在一九一三年結婚，但一九一五年亞丁頓入伍，「當兵症候群」發威，不久兩人就疏離，雖曾一度試圖挽回，但終致離婚。

龐德和亞丁頓都是小菜，主菜是H．D．與佛洛伊德之間的精神分析之旅。一九三三年，由於在寫作方面遇到了瓶頸，也就是所謂的作家障礙，H．D．前往維也納接受佛洛伊德的分析。她在一九〇九年就對佛洛伊德的理論很感興趣，並閱讀佛洛伊德的一些德文原著。一九三三年那一年，H．D．四十七歲，而佛洛伊德已七十七歲。H．D．在接受精神分析期間正是納粹在維也納街頭肆虐的時候。無論如何，佛洛伊德很歡迎她，因為他很看重她的作品。但是佛洛伊德卻對她說，不要為每次的分析做準備工作，不要在日記中寫及經過，也不要跟朋友談及。不過學生（那時佛洛伊德只收學生不收病人）比老師聰明，H．D．以寫信的方式來彌補不足。她以後把這些書信集結出版，名為《分析佛洛伊德》。例如她在一封信中說：「他要我躺下來。他有一張真正的軟毛毯，我告訴他說，烏龜並沒有軟毛毯……我大叫說……你是祭司，你是魔術師。他說，不，妳才是詩人和魔術師……」

經過精神分析後，H．D．果然創作力大增，又寫了幾本小說和回憶錄，其中回憶錄《禮讚佛洛伊德》以詩意出名，也提供我們一扇窗，了解她獲得療癒的過程，以及她和佛洛伊德的關係。

在《禮讚佛洛伊德》之中有三則筆記涉及花：

> 教授七十七歲……那間陌生房子的診間有他的一些寶貝和他那張有名的書桌……看不到無價的小藝術品排成半圓形，只有連串精心排列的花瓶，都插著一簇蘭花或單枝的花朵。我沒有任何東西送給教授……教授說，「那些梔子花！在羅馬，我可以把梔子花戴在身上……」

一聽到佛洛伊德說「槴子花」，H．D．就想到要送他槴子花，但她在維也納就是找不到這種花。有一年，H．D．從倫敦寫信，要維也納的一個朋友特別努力去找一串槴子花，送給「教授」當生日禮物。朋友說，她努力找槴子花，但花店的人告訴她說，佛洛伊德喜歡蘭花，所以她為H．D．送了蘭花。H．D．還是很認真找梔子花。最後她終於找到，附上字跡潦草的卡片，送到佛洛伊德那兒。

佛洛伊德回信說，「我今天收到一些花。無論偶然或有意，這些花是我喜愛的花，是我最讚賞的花……」

H．D．迎合佛洛伊德，佛洛伊德也體貼（？）H．D．，不顧自己書桌上的花瓶插滿了蘭花的事實，順水推舟，移情別戀戀上梔子花？

到底佛洛伊德是喜歡蘭花還是梔子花？我懂了，蘭花是「意識」，梔子花是「無意識」。

梔子花是H．D．與佛洛伊德交會時閃放的另類亮光，他們交會時真正閃放的亮光，是H．D．的《禮讚佛洛伊德》一書。

# 譯者前言

英國文學史上有兩位以兩個英文首字母為筆名的著名作家，一是以A．E．為筆名的喬治．威廉．羅素（George William Russell），一是以H．D．為筆名的希爾達．杜利特（Hilda Doolittle）。前者是神祕主義作家，赫胥黎在《眾妙之門》之中曾提及他。後者本質上是一個女詩人，但她的《禮讚佛洛伊德》早已有德文與法文譯本，日本也在一九八三年就把它譯為日文。

H．D．在一九三三年左右接受佛洛伊德的精神分析，主要原因是，她的自我表達遇到瓶頸，以及她經歷幾次個人的悲劇和一連串令她震驚的幻象。佛洛伊德關心創造性的想像力，教導H．D．了解她自己的個人感覺和幻想及其與宇宙性神話的關聯。佛洛伊德收集很多希臘與埃及古物，也經常跟H．

D．談及這方面的主題，可見他對宇宙性神話的著力很深。H．D．在本書也很著重神祕事物的描述。

H．D．於一九三三年寫成維也納筆記，根據此筆記於一九四四年完成《禮讚佛洛伊德》的第一部分〈牆上的書寫〉。她在希臘科夫島看到了預兆不祥的書寫投射在牆上，包括她在戰爭中喪命的哥哥的幻象。這種幻象（覺）延續到第二部分的〈降臨〉，在其中的第五則中有一段話，「我怎麼可能告訴他（佛洛伊德）我經常預見災難？」

然後，H．D．又根據維也納筆記於一九四八年寫成第二部分〈降臨〉，跟第一部分的〈牆上的書寫〉結合成《禮讚佛洛伊德》。

既然書名為《禮讚佛洛伊德》，讚美佛洛伊德的語詞當然經常出現。我認為第二部分的〈降臨〉想必暗示「耶穌降臨」。H．D．沒有明講，但她在書中說，佛洛伊德是「拉撒路，出來」。我們知道，耶穌曾在拉撒路病死埋葬在墓中後的四天吩咐他從墳墓出來。

H．D．也把佛洛伊德比喻為從天上偷火的普羅米修斯，這部分的寓意既深且遠。

普羅米修斯是有點太神話了（希臘神話），但H．D．在書中引用馬修．安諾德的十四行詩〈莎士比亞〉，這部分值得細讀。

H．D．在書中說，「我是一個學生，我在這一代——以及也許以後很多代——最偉大心靈的指導下工作。但教授並非總是對的。」這並非溢美之詞，且很具人性。

更勁爆的是，有一天H．D．對佛洛伊德說，時間過得太快，結果佛洛伊德把很多矛盾的情緒塞進那一個字（即「時間」）之中，然後H．D．說，「就某種意義而言，他的很多字語都爆炸了，炸毀了監獄……造成山崩，確實如此，但卻炸開了隱藏的寶礦。」

讓我印象很深刻的是，有一次，佛洛伊德對H．D．說，「請永遠不要——我是說，任何時間、任何情況，都不需要努力為我辯護，就算妳聽到有人針對我和我的工作說出辱罵的話語。」

難怪H．D．會說，「我會在手中拿著沙漏，把它反過來，讓他的生命的沙往後流……我會為了他的歲月改變我的歲月。」

H．D．在書中引用歌德的〈迷孃曲〉，其中最後兩行是「那兒！哦那兒／就是我們的路！父親啊，我們走吧！」似乎隱約暗示她把佛洛伊德視為父親。不過，佛洛伊德卻把H．D．在希臘科夫島的一間旅館臥房牆上所看到的投射圖像或「以畫呈現的書寫」，解釋為她想與她死去的母親重會。佛洛伊德也在另一個場合說，「女孩並不總是把感情傳移到父親身上。」有人甚至主張，H．D．視佛洛伊德為「母親」，但還未達到戀母情結的地步。

H．D．在書中指出，佛洛伊德已經敢說，夢是來自人的意識未經探測的深處，而這種未經探測的深處，就像一條大河或一座大海洋在地下流動……

也許H．D．服膺這種說法，她在書中對佛洛伊德的讚美有時是以微妙的隱喻方式表達，且書中的每一則都不按時間順序排列，文體隨興，有時接近意識流，尤其她對佛洛伊德說出的諸多夢境更是如此。來自人的意識未經探測的深處的夢，也許是應該以這種形式呈現吧。

# 牆上的書寫

## 正文附註

〈牆上的書寫〉，獻給無瑕的醫生西格蒙特．佛洛伊德，是一九四四年秋天寫於倫敦，獨立於我在一九三三年春天所寫的維也納筆記簿。

〈牆上的書寫〉於一九四五－一九四六刊載於倫敦的《今日生活與文學》（*Life & Letters Today*）。

H．D．

# 1.

一九三三年—一九三四年的維也納。我投宿於自由廣場（Freiheitsplatz）的「麗晶旅館」，餐桌上放著一個小日曆，我數著日子，一天劃掉一個日子，算算過了幾個星期。我的治療期有限，時間過得很快。當我停下來，把鑰匙留在書桌上，廳堂的門房說，「哪一天妳會代我向教授問候嗎？」我說，如果有機會的話，我會的。他說，「……還有，啊，教授夫人！她是個很美妙的女人。」我說，我不曾見過教授夫人，但曾聽說，她是教授的完美妻子；不會有比這更棒的讚美詞——有嗎？門房說，「你知道『貝格街』（Berggasse）嗎？是在……嗯，以後當教授不在了，他們會把它命名為『佛洛伊德街』。」我走到「貝格街」，轉進熟悉的入口；那是「維也納第九區貝格街十九號」，可以看到寬闊的石階和石欄杆。有時我會遇見別人走下來。

石階彎彎曲曲。平台處有兩個門。右邊的門是教授的門，左邊的門是佛洛伊德家人的門。顯然，兩間公寓經過安排，盡可能不會出現家人和病人或學生混淆的情況。有屬於我們的教授，也有屬於家人的教授。那是個很大的家庭，有分支、姻親、遠親、家人的朋友。上方有其他公寓，但我不常在階梯上碰見任何人——除了時間排在我前面接受精神分析的人。

我的時間或療程都被安排好了，一星期中有四天，從五點到六點，另一天從十二點到一點。至少，這是為第二系列的療程所做的安排；我知道那會在一九三四年十月底開始。我離開瑞士時，留下很多書和信在那兒，實際上我是戰爭開始後才離開的。在留下的東西中有我的一九三三年維也納日記。在我印象中，教授為第二系列所做的安排和第一系列一致，因為我時常對他說，接近傍晚的時辰幾乎就是我一天之中最喜愛的時光。無論如何，我那時有五個星期的時間。最後一次療程是一九三四年十二月一日。第一系列始於一九三三年三月，持續的時間稍長，大約三、四個月。我本來沒有計劃回到維也納，但一九三三年夏天和一九三四年秋天之間發生了很多事。我聽到陶爾斐斯[1]事件而感到很焦慮，但這個事件並沒有引起我任何個人的反響。我之所以回到維也納是因為我聽到了我下梯階時有時會遇見的那個人的消息。他在約翰尼斯堡的一場會議中發表演講。他駕駛自己的飛機到那兒，回程時飛機在坦干伊喀（Tanganyika）失事。

## 2.

我並不經常在階梯上遇見他。他有時候一直逗留不去，在教授的研究室或診間拖延談話的時間，因此，我把外衣掛在門廳之後，可能錯過與他相遇的時間。我會被直接引進等候室，或者，我之前的這一位可能會在我進入的同一時間從教授的私室（Sanctum）出現。他會在我放好外衣或帽子時，伸手去拿他自己的外衣和帽子。他個子很高，看起來像英國人——然而那是錯覺。我後來得知，他在牛津待了一段時間，是在歐陸獲得學位之前或之後——總之，他不

1 譯註：陶爾斐斯（Englebert Dollfuss, 1892-1934），奧地利政治家。陶爾斐斯事件指奧地利總理、獨裁者陶爾斐斯於一九三四年遭奧地利納粹黨人綁架刺殺。

是德國人，也不是美國人，但人們怎麼會知道呢？事實上，他正是我所認為的那樣，「讓人看錯是英國人」，其實是荷蘭人。

我是在以後才知道他名叫J·J·凡·德·留吾（J. J. van der Leeuw）。有一次，他聽教授的指示，跟我談到交換時間的問題。那是一個夏日，在郊區德布靈（Döbling）的大房子中，教授家人搬到那兒避暑，可能是一九三三年六月末或七月初。在那兒接見我們的那次安排是比較非正式的，不像在教授自己的家那樣給人確實感或**真實感**。無論如何，我並沒有在維也納郊區一個陌生人的房子中向維也納道別。我回來了。

我把回來的原因告訴教授。我跟教授進行最初的療程時，他七十七歲，我四十七歲。留吾博士相當年輕。教授告訴我說，留吾在他們之中以「飛行的荷蘭人」為人所知。他是一位傑出的學者，正式來跟教授一起研究，想要把精神分析的原則應用在一般教育之上，更大的實際目標是國際的合作和了解。他很富有，很有影響力，出身良好，在荷蘭東印度群島有很廣大的農園，曾到印度旅行，意在從事神祕學術的探究。他在印度接觸到一位教師或年輕的熱心學者，受到東方教義的影響，但並沒有因此滿足。他想要把精神體的律則應用在今日嚴重的問題上。我認為，他是適合這件完美工作的完美人選。教授並沒有告訴我說，留吾本身意識到一種根深的慾望或潛意識（subconscious）的性向，與他的傑出飛行生涯有所關聯。「飛行的荷蘭人」知道，任何時刻他都可能在空氣——他心目中的元素——之中飛得太高、飛得太快。「這確實是我關心的事，」教授說。「我現在可以告訴妳，這確實是我們兩人所關心的事。」教授又說，「上次他離開後，我認為我發現了解決方法，我真的有答案，但太遲了。」

我對教授說，「當我在階梯上經過留吾博士身邊，或者在大廳中看到他時，總是有一種滿足、安全的感覺。他似乎是那麼自足，那麼泰然自若，而你告訴了我有關他的工作。我一直覺得，他會應用、傳承火炬——傳遞你的觀念，但不是以一種老套的方式。我覺得，你、你的工作和你的工作的未來都特別傳給他了。哦，我知道，『精神分析學會』、研究人員、醫生、受過訓練的精神分析師等等，構成了很大的團體！但留吾博士是不同的。我知道，你深深感覺到這一點。我回到維也納是要告訴你，我感到多麼遺憾。」

教授說，「妳已來取代他的位置。」

## 3.

我沒有自覺地想到「飛行的荷蘭人」，沒有將他和我的工作聯結在一起，也沒有把他編織進我的幻想中。我自己的問題，我自己對於解開無意識（unconscious）或潛意識（subconscious）狀態的強烈興趣，似乎沒有涉及到他。他風度很不錯，外表悅人，知性和物質生活都很富足。我想我很羨慕他，羨慕他那顯然並不複雜的個性。他是知識分子類型人物，但已外化了，也是外交或甚至事務類型人物；人們不會想到他有過痛苦或困惱；他和「狂飆突進運動」（*Sturm und Drang*）似乎沾不上邊。他看起來的確像學者，但不是書卷氣、內向的學者。你會說，他的身體與他非常相配，就像他身上的灰色或藍色衣服與他優雅地相配。你會說，他的靈魂與他的肉體相配，他的內心與他的頭腦相配。他的前額高，不見皺紋；他的眼光敏銳，像水手的湛藍眼睛在凝視，色度比藍灰淺或深，然而其中透露著灰色的北海。是的，你會說那透露著不親切、冷漠、敏銳，卻安心無憂。以後當我想起時，是的，他似乎很多變，像使神莫丘利。

我不認為那個有翅膀的使神——希臘神話的赫爾墨斯使神、羅馬神話的莫丘利使神——的名字，曾在我跟教授的談話中出現，除了有一次以迂迴的方式出現；當時我做了一個夢，夢中出現了位於市集廣場那有名的拉斐爾·唐納噴泉中的一個雕像。那是一個很美的噴泉，有著斜倚的河神形體，兩個女的和兩個男的。我的夢是有關我認識的一個倫敦年輕男子，他不是叫布魯克斯[2]，但他的名字確實暗示河流，所以我們可以稱他為布魯克斯。在夢中，我將這位年輕的布魯克斯先生和那個較年輕的男性河神雕像連結在一起。我那時對教授說，噴泉那個斜倚著的銅像跟泰然自若的波隆那莫丘利使神（**Bolognese**

2 譯註：原文為Brooks，「溪流」之意。

Mercury）很相像。我們都同意，拉斐爾．唐納的那個雕像是比較吸引人且較具獨創性的，但如果你把斜倚著的河神扶正讓他站起來，他就有點像莫丘利使神；或者反過來，如果你讓莫丘利使神坐下來，用手肘撐著身體，那麼他就幾乎可以取代這個噴泉銅像。無論如何，我們的教授有他迷人的作風，他同意某種想法時，會表示欣賞，但不會過分強調那些不重要的細節。這在當時似乎並不重要。

也許現在也不是很重要。然而，有趣的是，事後回顧時卻注意到心智會規避。我將拉斐爾．唐納的雕像及其所暗示的莫丘利使神，跟一個很迷人但不是很重要的年輕倫敦朋友連結在一起，但真正有吸引力的形像卻在維也納，他就在那兒——過去曾經在那兒——斜倚在這張躺椅上，就在我每次療程之前的一個小時。如同我所說的，我並沒有自覺地想到留吾博士，也沒有把他編織進我的幻想中。我沒有把他想成「眾神的使神」莫丘利，也沒有在他飛機失事後把他想成「死者的首領」。

他是一個陌生人，我並不是真正認識他。我們一度在維也納郊外的德布靈那間房子中講過一次話。教授在陌生的大客廳對面向他揮手。留吾博士一鞠躬，以禮貌、優雅的德文稱呼我為「親切的女士」，問我是否可以更改明天療程的時間。我用英語回答他說，一點也不介意，我會在四點來，他就五點來。他以非常友善的英文，愉快地感謝我，一點也沒有德文腔。這是我第一次，也是最後一次跟「飛行的荷蘭人」講話。我們交換了「時間」。

## 4.

教授七十七歲。他五月的生日很有意義。那間陌生房子的診間有他的一些寶貝和他那張有名的書桌。除了書桌之外，房間看來沒變。看不到無價的小藝術品排成半圓形，只有連串精心排列的花瓶，都插著一簇蘭花或單枝的花朵。我沒有任何東西送給教授。我說，「抱歉，我沒有為你帶來任何東西，因為我找不到我要的東西。」我說，「無論如何，我是想給你一些不一樣的東西。」我說的話也許有點大意、有點高傲；可能介於兩者之間，或者兩者都有。我不知道教授如何詮釋。他招手叫我到躺椅那兒，我對他的生日顯然不經心，他也許感到滿意，也許感到不滿意。

我沒有找到我要的東西，所以我沒有送給他任何禮物。我們在貝格街的那間舊房間中，談到我們的一次旅行。教授其實知道我所在的場所，有時隱含在一座雕像或一幅畫中，像掛在躺椅上方的那幅卡納克神廟的老式鋼雕。我造訪過那座神廟，而他則沒有去過。但這一次是義大利，我們一起待在羅馬。歲月向前進，然後向後退。歲月之梭紡織著一條線，把我的圖案織進教授的圖案中。「啊，『西班牙階梯』[3]，」教授說。「杏樹的那些枝葉，」我說，「在所有的花卉和花籃之中，我最記得那些。」「但是，」教授說，「那些梔子花！在羅馬，我可以把梔子花戴在身上。」他並非喚起過去的時光，或訴諸未來的時光。那是存在於過去的當下，或者存在於未來的過去。

我甚至可以在維也納尋覓一朵梔子花，或一簇梔子花，但我卻找不到。有一年，我從倫敦寫信，請維也納的一個朋友——一個英國留學生——特別幫我去找一簇梔子花，作為教授的生日禮物。她回信說，「我到處找梔子花。但花店的人告訴我說，佛洛伊德教授喜歡蘭花，人們都訂蘭花給他祝壽；他們認為妳會想知道這件事。我代妳送了蘭花。」

## 5.

教授收到我的梔子花，是後來的事。那天不是他生日，也不在維也納。我到倫敦去看他，是置身在新的環境中。他剛到不久，是一個流亡者。那是一間有花園的大房子。很多人都在討論，並且擔心教授的希臘和埃及古物、各種中國及其他的東方寶物收藏。箱子終於寄達，只是家人不太相信所有寶物或甚至任何一件寶物會完整無瑕。至少箱子已經送到了，這要歸功於一個人的影響力與慷慨相助，那就是教授的朋友和弟子瑪麗．波拿巴夫人[4]，也就是希

3　譯註：位於羅馬的一處名勝。

4　譯註：瑪麗．波拿巴（Merie Bonaparte, 1882-1962）公主是拿破崙家族的後代，佛洛伊德晚年最忠實的學生，被視為女性性學研究的先驅。她將老師的著作譯成法文，並常將希臘雕像原件贈

臘的喬治公主，教授稱她為「公主」或「我們的公主」。我在教授的桌子上看到幾個希臘人像，很感驚奇。那似乎是某個房間中的同一張桌子，也就是我在一九三三年第一次造訪的維也納郊外房子中的那個夏日房間。但這時是一九三八年秋天。「你如何從維也納帶來這些東西？」我問他。「我沒有帶來，」他說，「公主把這些東西運到巴黎迎接我，讓我在那兒有家的感覺。」那是一個險惡的世界，但仍有忠心與美的存在。那是一次飛躍且讓人驚心動魄的旅程。五年前在維也納，他告訴我說，甚至在那時，旅行對他而言也是不可能的。那位經常待命的傑出專科醫師顯然禁止他旅行。（如果我沒有記錯，這位忠誠的朋友曾陪伴教授在歐陸各地旅行。）看到那張熟悉的桌子，以及桌子上那些既新且舊的熟悉形像，很難體認到這裡是倫敦。其實，僅僅把這裡視為一個稍微熟悉的暫時住處，就像德布靈的那間避暑別墅，這樣會比較好一些。就地理上而言，這個令人愉快的區域之於倫敦，就某種意義而言就像德布靈之於維也納。但是貝格街——未來的「佛洛伊德街」——卻回不去了。

# 6.

但至少在想像中，在一個午後的迷霧中，我仍然能夠持續一次探索、一次尋求。什麼地方可能會有梔子花。我在西區的一家花店找到了，在卡片上潦草寫著，「為諸神回歸致意」。梔子花送到了教授手上。我收到他的信。

一九三八年十一月二十八日
倫敦西北三區曼斯菲德花園二十號

親愛的H．D．，

我今天收到一些花。無論是偶然或有意，這是我喜愛的花，我最讚

與有古董收集癖的佛洛伊德。納粹佔領奧地利後，波拿巴賄賂德國軍官，出錢出力幫助佛洛伊德和家人從維也納逃往倫敦。

賞的花。上面寫了一些字「為諸神回歸致意」（其他人會把「諸神」〔Gods〕讀成「諸善」〔Goods〕）。上面沒有寫名字。我懷疑是妳送的禮物。如果我猜得對，請不要回信，但請接受我衷心感謝如此迷人的表意。總而言之，

深情祝福妳，

西格蒙特．佛洛伊德

## 7.

我只再見到教授一次，也是在夏天。敞開的落地窗面對一片賞心悅目的草地。「諸神」或「諸善」在井然有序的架子上排列得很得體。我並不是單獨跟教授在一起。他安靜地坐著，似乎有點憂愁的樣子，顯得很孤獨。一如往常，我害怕侵犯、打擾他的超俗模樣，害怕吸乾他的生命力。但我別無選擇。當時有其他人在場，談話井然有序且按照慣例進行。像「諸神」或「諸善」一樣，

我們坐成一個舒適的圓圈；符合一般的正確行為方式，卻是表面上維持著和諧好客之情。大家有一種外在安全感，至少沒有話語讓人想起剛剛過去的毀滅性境遇，或喚起不明朗的未來。世界大戰的消息宣布不久，官方的倫敦新聞公報就宣稱，無意識心靈知識領域的開拓者、精神分析科學的改革者或創立者西格蒙特．佛洛伊德醫生去世了；當時我人在瑞士。

# 8.

本來我寫的文字是已經走了，但我慎重地劃掉。是的，他去世了。我的情緒並沒有受到波及。教授是個老年人，八十三歲了。戰爭降臨我們身上。我沒有為教授哀傷，也沒有想著他。他倖免於很多痛苦。他的研究侷限於不健全以及健全思想的生命結構；但你可能會說他研究的是當代思想。也就是說，他以他的「個人的童年是種族的童年」，把過去帶進現在。或者是反過來嗎？——「種族的童年是個人的童年」。無論如何（不管是不是，反過來也是真實的），除了其他領域之外，他已經開啟了「無意識的心靈」這個特殊的領域，如此證明：無名原始部族的特性和性向，以及已消失的文明的儀式形態和本質，仍然存在於人的心智之中——你也可以說，存在於人類心靈之中。但是，根據他的理論，靈魂明確地存在於心和身的媒介之中，或者透過心和身的媒介顯示其形式和形態，而且「身」受到「心」的狂喜和失調所影響。關於較重大的超自然問題，我們不曾辯論。但我們在骨子裡暗中辯論著。我們相處在一起，為的是要證實什麼事情，但我不知道那是什麼。有什麼東西在我腦中悸動；我不說在我心中，而是在我腦中。我要它被釋放出來。我要從重複的想法和經驗中解放——從我自己的，以及從許多和我同時代的人的想法和經驗中解放。我並沒有特別體認到自己想要什麼，但我知道，就和我在英國、美國和歐陸所認識的大部分人一樣，我正在流浪。我們都在流浪。流浪到何處呢？我不知道，但至少我接受一個事實：我們**正在**流浪。至少，我知道這一點——我會（在必然的事件潮流把我推進主流、進入瀑布之前）站在一邊觀看，只要可能（只要不會太遲），並清點我所擁有的東西。你可能說，我有了——是的，我有了特別擁有的什麼東西。我擁有自己。當然，並不真正擁有。我的家人、我的朋友以及我的環境擁有了我。但我有了某個東西。就說是一艘狹窄的樺木皮獨木舟吧。大片未知森林、非凡或超自然的東西，全都在我們四周。藉著潮流聚集的力量，我至少可以趁早進入淺水處，估量我的心與身那相當有限的所有物，並要那位住在這個廣大領域邊緣的年老隱士跟我談話，如果他願意，請他告訴我如何以最好的方法操縱我的方向。

沒錯，我們輕輕觸及一些較深奧的超自然問題，但我們讓這些問題跟熟悉的家庭情結產生關聯。無論如何，思想和想像的趨向並沒有被切除，甚至也沒有被修剪。我的想像力隨意遊移；我的夢具有啟示性，有很多源於古典或聖經的象徵。思想是東西，要加以收集、對照、分析、擱置或還原。一些顯然沒有關聯的片斷觀念，時常是某個特別的思想和記憶層次的一部分，因此是同屬一類的。這些觀念有時很巧妙地接合在一起，像精緻的希臘淚瓶和彩虹色玻璃碗與花瓶，黃昏時在面對我的架子上閃亮著，而我就在維也納第九區貝格街十九號房間中的躺椅上伸展並支撐著身體。只要死者活在記憶中，或者在夢中被人回憶，他就是活著。

## 9.

總而言之，深情祝福妳……我不知道是什麼事忽然讓他生氣。我轉離躺椅，雙腳踏在地板上。我不確實知道自己說了什麼話。我在維也納時記了一些筆記，但從此不曾處理這些筆記，幾乎不曾瞄一眼。我不想涉及嚴格意義上的歷史關聯。我希望回憶起印象，或者說，我希望印象召喚我的回憶。讓印象以自身的方式進來，形成自身的關聯。「會出現很多有關教授的回憶錄，」華爾特．希米德堡（Walter Schmideberg）[5]對我說。「我想薩克斯（Sachs）[6]和『公主』已經完成他們的回憶錄。」

精神分析師希米德堡說話時透露反諷的口氣。第一次世界大戰時他是俄國前線的一位年輕奧地利軍官，在他早期還未習慣講英語時，他向我描述自己為「馬匹隊長」。「馬匹隊長」傳達給我的意義多於「騎兵軍官」或「衛兵軍官」所傳達的意義，就像他有一天所指稱的「針樹」，傳達給我的意義多於「松樹」或甚至「長青樹」傳達的意義。所以，一種語言的衝擊，就像一種印象的衝擊，可能變得「很正確」，變得「風格化」，失去其生命特質。我們很容易像希米德堡一樣陷在自我批評的套索中，我們很容易說，「每個人都會隨意書寫回憶錄，」但對這句話的回答是，「確實如此，但希臘的喬治公主，以及以前的維也納和柏林、以後的麻州波士頓的漢斯・薩克斯醫生，都無法準確地書寫出我對教授的印象。」尤有進者，我不認為有人能比這位前年輕騎兵軍官希米德堡更溫柔、更幽默地描述教授（如果他能讓印象把教授從他自身之中解放出來）。希米德堡在戰爭最黑暗的日子成為世界的高手，擅長把雪茄走私到貝格街，而教授在被監禁於義大利集中營的那悲苦一年之中——很諷刺是在戰爭結束之後——也對他很有信心。

5 譯註：梅蘭妮・克萊恩（Melanie Klein）的女婿，也是佛洛伊德家族友人。

6 譯註：佛洛伊德的弟子、友人，奧地利資深訓練分析師漢斯・薩克斯（Hans Sachs, 1881-1947）。

# 10.

關於「公主」、漢斯．薩克斯以及華爾特．希米德堡——一度是「奧匈帝國第十五輕騎兵團」的「騎馬大師」，也是佛蘭西斯．沙爾華托大公——就談到這兒。我轉離躺椅，以非正統的姿態直挺挺地坐著，雙腳踏在地板上。教授本人也顯得不合規矩，握拳敲著老式馬毛沙發的頂端。這套沙發所聽到的祕密，多過任何當紅的告解神父在告解室中所聽到的祕密。心理治療、精神分析是一門科學，解開無意識內心的纏結，在過程中隱含治療的功能，而說出祕密是原始的心理治療、精神分析體系中樸實的歷史性手段。我並不自覺說過任何可能讓教授突然生氣的話。甚至當我轉動身體面對他時，我的內心還是足夠冷靜，心中想著：這是不是他有關加速心理分析內容或改變聯想影像方向的想法？教授說，「問題是……我是一個老人……妳不會認為愛我是值得的。」

## 11.

他的言語所發揮的衝擊力太可怕了——我簡直一點感覺都沒有。我什麼都沒說。他期望我說什麼呢？情況就好像那「至高的存在」用拳頭敲擊我一直躺著的躺椅椅背。究竟，他為何那樣做？他想必什麼都知道，不然就是什麼都不知道。他想必知道我感覺到什麼。也許他知道，也許那就是重點所在。也許，無論如何，這只是一種計謀，為的是要震撼我，突破我內心部分意識到的某件事情——某件不會被突破、不能被突破的事情。我在這兒，是因為我就是不能被突破。如果我被突破，我就不能繼續跟教授在這兒。難道他認為，離開友善又舒適的環境來到一個陌生的城市，奮不顧身與窩穴中的他、他自己、那條惡龍周旋，是件很容易的事嗎？維也納？威尼斯？我的母親曾來這兒度蜜月，以新娘的身分「遊覽」義大利後感到很疲累。也許，我的母親那時已經在保護那個小孩，那是一個女孩，是活了很短時間的第一個小孩。她談到麵包、維也納，以及她多麼喜愛各種麵包捲，有各式各樣的形狀，有加上罌粟種子的，以及，哦——加上咖啡的麵包捲！我為何來維也納？教授一開始就說，我來維也納是希望找到我母親。母親？媽媽。但我母親已死。我已死，我心中那個曾叫她「媽媽」的孩子已死。無論如何，教授是一個非常令人害怕的老人，太老了、太超然了、太睿智了，總之，太有名了——他不可能以那種方式敲擊拳頭，像一個小孩在餐桌上敲擊舀濃湯的湯匙。

我滑回到躺椅。你也許會說，我偷偷溜回去。我表現出很適當的從容和最高度的機警模樣，重新放好已滑到地板的毯子。躺椅很滑，椅背的頂飾很硬。我的身體幾乎是太長了；如果我的身體再稍微長一點，腳就會觸碰到那個立在角落邊緣的老式陶爐。《紐倫堡火爐》是我的母親曾經很喜歡的一本書。我記不起這本書中的任何一個事件，我也不會花時間以錯綜複雜的方式對教授說，我想到一本叫《紐倫堡火爐》的書。情況都很明顯；火爐就在那兒，投射出令人愉快的可感火光，火爐就在角落。我看到這個陶爐，想到一本叫《紐倫堡火爐》的書，但是，為何要花時間談及這一切？

火爐在那兒，但有些時刻人們會感到有點冷。我壓平毯子的摺痕，偷看我的腕錶。教授之前曾譴責我突然伸出手臂看錶。他說，「我都注意著時間——療程結束時，我會告訴妳。妳不必不斷看著時間，好像妳急著要離開。」我摸一摸我的錶帶，把冷冷的手藏在毯子下面。我進來時，經常發現毯子仔細摺在躺椅腳旁。是嬌小的女僕寶拉從大廳進來，把毯子摺好？還是前一位把它摺好，就像我在離開前仔細摺好一樣？我的前一位是「飛行的荷蘭人」；他可能不會整理毯子——男人都這樣。我要問教授是否每個人都在離開時摺毯子？還是只有我會摺？教授開始時就說，他將我跟「飛行的荷蘭人」歸入同樣的類別——我們是學生。我是一個學生，我在這一代——以及也許以後很多代——最偉大心靈的指導下工作。但教授並非總是對的。

## 12.

我不跟教授爭論。事實上，就像我所說的，我沒有答案。如果他期望激發我強烈地表明感情，那麼，他並沒有成功——根部或水流伸延得太深了。有一天他說，「今天我們已經挖得很深。」又有一天他說，「我採到油礦。是我採到了油礦。但油井的內容才剛被採樣。有足夠的油，有足夠的材料可以用來研究和開發，並持續五十年，持續一百年——或更長。」他說，「我的發現基本上不是一種萬靈藥。我的發現是某種很嚴肅的哲學的基礎。很少人了解這一點，很少人能夠了解這一點。」有一天，他對我說，「我對於種族所發現的東西，妳在自己身上發現了。」我希望以後再回到所有這一切。此刻，我躺在躺椅上。我剛重新調整了滑到地板上的毯子。我把手藏在毯子下面。我很想知道教授是否逮到我在看錶。我真的有點嚇壞了。但教授並沒有回應。

## 13.

那個老式的陶爐立在躺椅腳旁。我的父親在我的第一個家的花園中所建的戶外辦公室或書房中，有一個這樣的火爐。那兒也有一張躺椅，還有一張毯子在底端摺起來。另外，還有一件微微高起的頂飾。我父親的書房有成排的書，就像這個房間。書房中有皮革氣味，木柴在爐中發出爆裂聲，就像在這兒。有一張圖，是林布蘭〈解剖學課〉的照片，還有一個頭骨，放在我父親最高的那些架子的頂端。鐘形玻璃瓶下面有一隻白色貓頭鷹。我可以坐在地板上，拿著一個洋娃娃，或一紙夾的紙娃娃，但他在桌上書寫時，我不能跟他講話。他所「寫」的是一排又一排的數字，但我當時幾乎無法分辨數目和字母的形狀，不知道哪一種是數目，哪一種是字母。當父親在躺椅上伸展身體時，我不能跟他講話，因為他在夜晚工作，所以白天躺在躺椅上閉起眼睛時，我不能打擾他。但是，現在在有成排書籍的房間裡躺在躺椅上的，是我。

然而不是，這個房間並沒有太多書，另外一個房間才排了很多書。我想，這個房間和另外一個房間的窗子面對一個庭院。這一點我不確定。無論如何，這兒很安靜。街上沒有傳來車輛的聲音，房子那一邊的佛洛伊德家人也沒有傳來熟悉的聲音。我們很孤獨地在這個房間中。但其實這是兩個房間，只不過，另一個房間幾乎是這個房間的一部分，隔著的是離得很遠的兩扇門。從分開的兩扇門到火爐的右邊，也就是我躺著的地方，是暮色和一片黑暗。房間另一端的那扇門，通到小小的等候室。還有另一扇形成直角的門，是出口的門，通到一條很暗的通道，或一間讓人想起茶水間或實驗室的小房間。然後是遠處的廳堂，我們在那兒把外衣掛在竹釘上，讓人想起學校或大學。「飛行的荷蘭人」曾在這兒，又走了。我們兩人不僅與教授的關係很像——教授稱我們為尋覓者或「學生」——而且我們兩人跟我此時躺著的躺椅也有相同的關係。當初我對於我的身體「幾乎太高」表示些微尷尬，教授要我放心，他說，在我之前的那位「其實比我高很多」。

## 14.

我的哥哥比我高很多。我五歲，他七歲；或者我三歲，他五歲。時間是夏天。草長得有點高，一些葉子在我們腳下發出爆裂聲，從一棵長出赤褐色梨子的梨樹落下來。梨子被收集在一起。（梨子〔*Pears*〕？巴黎〔*Paris*〕？）這棵樹的對面有另一棵樹，長出小小的黃色梨子，比較早熟。我們那棵樹旁邊的樹是山楂子樹，下面有一個大圓木，像一張圓桌子或堅實的厚凳子，太重了，我們動不了它，但我們同父異母的哥哥艾力克（對我們而言他就是個大人）輕易就可移動它。我們看到這個沉重而搬不動的圓木下面的東西。我們看到各種有趣的東西；像螞蟻的小東西快速移動著，瘋狂地跑來跑去，但總是回到同樣一片濕地或小塊沃土上。一些無翅膀的白色動物蜷伏在整齊的小水道中。這一連串的小凹地或開啟的整齊墳墓，曾被圓木覆蓋著，那很像阿茲特克或埃及人的埋葬窩，但當時我並不知道。這些白色的蜷曲蛞蝓是還未誕生的東西，夠討人厭，像沒有被刺破的疔瘡。或者，也許它們其實並不討人厭——它們也許是沒繭的幼蟲，可能會在什麼時候「孵化」。但我只看到它們，不知道它們是什麼，也不知道它們可能是什麼事情的前兆。我的哥哥和我著迷地站在這種被揭露出來的東西前面。艾力克專心地注視著螞蟻瘋狂地繞著圈子，然後，他小心地把圓木放回去，盡可能不去壓死它們，如果可能的話，把那個位於白色蛞蝓頭部上方的保護罩放回去。

東西下面有東西，就像東西裡面有東西。

# 15.

但那是另一個場合。這一次，我跟我的哥哥單獨在一起，他比我高很多。是他叫我去的。他手中拿著一小張報紙，還有一個放大鏡，想必是從父親的書桌上拿來的。他要我注意看，我看到薄弱新聞紙的印刷字變得比較大，但我知道是放大鏡造成的。我不知道他為什麼要我看這張報紙。我還不識字。如果他要讓我看什麼東西，那應該是比較有吸引力、比較適當的東西。「不要走開，」他說，「一分鐘後就會發生。」太陽把我們的背部曬得很熱。梨樹樹枝把夏末時分的陰影投向山楂子樹。「現在，看，」他說。在放大鏡下，紙上出現一個黑點，報紙幾乎立刻變成了火焰。

必然的，一個留著鬍子的高大人形從門外書房那方舟似的門出現。書房的地板並非平整，而是建在一連串四方形柱子似的石基上。我們的父親從階梯上走下來。這種畫面可見之於古老的聖經插畫本中，或者十九世紀早期法國畫家大衛被丟棄的陳舊複製畫集中。那確實是某一時期的作品。然而它的原型被雕刻在希臘羅馬的大勳章上，或勾勒在古典希臘時期的闊口瓶或雙耳酒瓶的紅色或黑色背景上。我已說過，我在躺椅上斜躺著，卻又支撐著，有點像雷卡米耶夫人[7]的姿勢，面對著敞開的雙門。躺椅的尾端有火爐。火爐旁是小櫥櫃，裡面有較精緻的玻璃瓶、形狀不同的瓶子，和愛琴海花瓶。在雙門另一邊的牆壁，有另一個放古玩和古董的箱子或櫥櫃，頂端有個留著鬍子的半身人像——是歐里庇德斯（Euripides）[8]嗎？是蘇格拉底嗎？確實是索福克里斯（Sophocles）。轉過那個角落時可以看到那扇窗，跟這個櫥櫃形成直角，然後是另一個箱子，裝著陶器人像和更多畫著希臘人像的碗。然後是通到等候室的門。還有另一扇門也成直角，穿過那個放著櫥櫃像實驗室的房間或凹室，並

7 譯註：雷卡米耶夫人（Madame Récamier, 1777-1849），法國社交名媛，著名沙龍主辦人，她和夏多布里昂（François-René de Chateaubriand）開辦的沙龍是歐洲文學界最大的沙龍之一，許多著名作家都曾是座上賓。這裡所說的是法國畫家賈克－路易．大衛（Jacques-Louis David）於一八八〇年所繪之《雷卡米耶夫人像》的畫中人姿勢。

8 譯註：古希臘三大悲劇詩人之一。

通到廳堂。最後這兩扇門，我稱之為入口和出口，都是關著的。出口的門所在的那道牆在我的頭後面，而教授靠著那道牆坐著，縮在角落中，置身在一個由兩道牆和躺椅椅背構成的三邊凹處中。他會安靜地坐在那兒，像樹上的貓頭鷹，一句話也不說，或者向前傾身，談著某件事情，他所說的顯然無關乎實際夢的內容或思想關聯的進展或揭示。他會迅速伸出一隻手來強調某一點，有時令人有點驚慌。或者，他會「鄭重其事」地站起來，說道，「啊！現在，我們必須為這件事慶祝一下，」然後開始他精緻的儀式——選雪茄、點雪茄——最後又坐下來，芳香的煙從凹處中升起，是他芳醇的雪茄悶燒著的煙。

## 16.

長度、寬度、厚度，東西的形狀、氣味、感覺。「現在」的現實，其對「過去」的影響，其對「未來」的影響。「過去」、「現在」、「未來」，這三者——但還有另一種時間元素，一般稱之為「第四維度」。房間有四邊。一年有四季。這個第四維度以各種偽裝方式出現，且有不同的標題，在教授的著作中加以描述且精細地列舉；在他的跟隨者、弟子、假弟子和模仿者集結的作品中，甚至敘述得更精細。然而，第四維度其實非常簡單。在時間順序的建構中，這個第四維度就像一個房間的第四道牆一樣簡單。如果我們改變我一直在跟教授談話的這個房間的方向，從放著躺椅的左邊牆開始，然後以逆時鐘的方向移動，那麼，我們可以將出口所在的牆編號為二，將入口所在的牆（放有裝著陶器人像和扁平希臘碗的箱子）編號為三，把躺椅對面的牆編號為四。其實這道牆的大部分地方是沒有牆壁的，因為那兒有敞開的雙門，所以是空空的。

遠處的房間可能顯得很暗，或者也許出現斷續的亮光和陰影。或者，甚至可以親身走進那個房間，去看看教授桌子上的東西，就像有一天，他邀請了我進去。

# 17.

我父親的桌子上有筆、墨水瓶和一個放筆的金屬盤。他使用不同的筆，裝不同墨水，有黑色和紅色的。桌子上還有一支中國式或擬中國式設計的裁紙刀，手把是一個矮胖的人形，而這個怪異人形的頭部有一個罐子或瓶子裝著一片刀刃，即裁紙刀，只不過有樹葉和卷鬚形狀的淺浮雕格子細工，為裁紙刀的刀刃增加了一個維度。裁紙刀除了是裁紙刀之外，同時也像一棵扁平的樹，或有精緻卷鬚圖案刻劃在上方或貫穿其間的一根柱子。桌子上還有一把特大的剪刀、幾個紙鎮。其中一個紙鎮是玻璃材質，在某種光線下看進去時，會有不同的圖案在其中反射出來。它只是玻璃，它是紙鎮，但卻是一組三稜鏡，放置在另一組三稜鏡上。你把它放下來時，它總是斜立著。一組三稜鏡所交會的尖端，指向北極或南極，或者也許如此。還有一個放大鏡，我的哥哥現在仍然拿在手中。

## 18.

「你們要知道，你們小孩子是絕對不准玩火柴的。」那是一種不可寬恕的罪。（火柴？）我的哥哥有答案。答案是勇敢、魯莽的回嘴，「但是我們不是在玩火柴。」只是他並沒有回嘴。我站在他身邊。我的哥哥很高，我的頭幾乎還不到他肩膀。我看到那片圓形的玻璃嵌在金屬框中，哥哥的一隻潮濕、有點骯髒的手抓著直直的手把，手放在背後。我不知道，他也不知道一件事：這件東西除了是我父親桌子上的放大鏡之外，也是一種神聖的符徵。它是一個圓圈，而圓圈的梗，這朵花的莖或支撐物，是我哥哥在背後抓著的玻璃的手把。這是神聖的「安卡」（ankh）十字章，是古埃及生命的象徵。但我們並不知道這一點，或也許我們的父親確實知道這一點。這個符徵，這個圓圈加上支撐的直線，附加一條小小的線、一個十字形，他使用這個符徵來表示金星。我不確定我們的父親是否知道，這個安卡十字章是生命的象徵，而他時常用之於一欄數字開頭的那個符號，正是同樣的符徵。他寫出一欄又一欄的數字，然而他會在一欄的頂端寫出一個象形文字，可能代表十二宮之一，或者可能只是一顆行星：木星、火星或金星。當時在花園中站在哥哥身旁的我並不知道這一點。我是在很久之後才知道，但我並不了解。直到現在當我在寫下這些事情時才明白，我的父親擁有神聖的符徵，他就像教授一樣，在書桌上放著非常古老的神聖之物。但這些因為時間而變得神聖的東西，其形狀和形式卻無法辨認了。它們只是一個玻璃紙鎮，只是一把銅製裁紙刀，或我的哥哥仍然拿在手中的尋常放大鏡。

我的哥哥會說什麼呢？他不會說，「我從天堂帶來了火。」他不會以高雅的抑揚詩韻回答眾神之王宙斯，說明他，普羅米修斯，如何藉著機智、勇敢、對於未知事物的喜愛、對於神祕事物——還無法說明的力量——所做的實驗，從天空中把火抽出來。這是一個實際的事實。但我的哥哥不曾聽過普羅米修斯，他不懂得任何希臘文。他從我們父親的書桌那兒拿了放大鏡，這可能是一種罪，僅次於玩火柴。我的父親踐踏著燒得焦黑的脆弱紙張。在一八八九年（也許）或一九〇一年（也許）的夏末午後的寂靜空氣中，空氣中有燒紙的氣味，以及微弱的縷縷餘煙。

我不記得我的哥哥跟父親說了什麼、父親又對哥哥說了什麼。「你不能再做這種事，」這句話無論如何是很含蓄的。但他們的一般談話所使用的普通語詞，有時是我所無法理解的。我甚至並不經常了解我的哥哥所使用的語詞。他是一個大男孩，就他的年紀而言非常古怪有趣又聰明。我是小女孩，就我的年紀而言個子算很小，還不完全發育。就某種意義而言，我仍然是一個外來者。還有其他外來者，他們經常來到我們自己的房子，來到我們的祖父的房子（由一位姑姑和叔叔共有），來到街對面的房子，來到位於教堂街遠處和近處的其他房子。這些外來者甚至比我更不懂得我們四周這些人——文明人或野蠻人——的習俗。有些事情發生後，這些人試圖隱瞞我們。一個男人溺死在河裡；鐵工廠的工人失去一隻手；一個外來者，或者如同他們有時在後門所說的，「一個小小的陌生人」，已經從某個地方太早到達。所有這些神祕又顯然不相關的事件，都是我們藏在廚房桌子下面偷聽到的，或者在跟教堂街遠處和近處同年紀的同伴，以及有時跟年紀稍微大一點而口齒不清但具直覺秉賦的同伴低語時，推測而來的。所有這些事件都涉及——或以某種方式暗示——一位醫生。

## 19.

醫生會拿著手提包，裡面裝著奇異的東西，包括鋼製品、小刀和剪刀。我們的父親不是個醫生，但他的書房中有一張醫生的照片，或一張醫生合照的照片。我們生病的時候，他會表現得十分安靜，出奇地溫柔。他喜歡告訴人們說，他在決定職業之前曾猶豫一段時間；還有，其他醫生經常說，他應該成為醫生。他的聲音平靜、安穩、柔和，幾乎是平靜到單調的地步。他不曾提高聲音。他不曾隨意發脾氣或生氣。我一生不曾看過他真正生氣，除了那兩、三次難忘的場合。我躺在教授房間的這張躺椅上，感覺我必須在什麼時候回憶並詮釋（就像是如此）父親生氣的時候。但這不是適當的場合。我的父親此時並不生氣；但是，儘管陽光閃耀著，燒過的紙在我們腳旁冒煙，空氣中還是有一種冰冷的寒氣。「也許，」他可能是這樣說（因為我們的父親是男子漢），「我並沒有真正禁止你們拿放大鏡，」因為此時我的哥哥已經把放大鏡還給他。「我知道我已告訴你們不要去碰墨台，或拿走桌上的剪刀，或使用漿糊瓶去做紙兵。我認為我們有默契：你們不會亂動我桌子上的任何東西。」

空氣中有霜氣。我悄悄貼近我的哥哥。雖然我沒有遭受譴責，但卻被牽連了。

## 20.

那是更早的時候，陽光也在閃耀著。從我的母親所穿的衣服來看，想必是春天，或者是小陽春。總之那是介於兩個季節之間，因為我的母親穿著布料衣服，沒有加上外衣。時序不是夏天，因為如果是夏天，我們會像熱帶的人一樣很固定、很必然穿著夏服。我們處在亞熱帶地區，所在的城鎮是賓州，我認為在地圖上是與羅馬南部平行的。冬天寒冷，夏天炎熱，所以我們有北歐人也有南方人的脾性，兩者和諧地混和在一起，精確地根據季節的律則改變調性或擺動的幅度——或者，也許並非如此。無論如何，我母親的臉孔是夏天，因為她笑盈盈的。

我們跟她外出，幫她購物，或順道拜訪她的很多親戚或朋友之中的一位。城鎮之中幾乎沒有一個人不是親戚或朋友，畢竟是「古老的城鎮」。這的確是古老的城鎮，因為我們坐在人行鋪道的一個稍微高的地方，在路邊石上，路邊石形成一個大曲線，離教堂街很遠，就在教堂下方，伸延到大街的店鋪、旅館和購物中心——我認為它叫「大街」，總之應該是這樣稱呼的。

似乎很奇怪，我的母親竟然笑盈盈。我的哥哥已經違抗了她。他堅決地坐在路邊石上，不願回家。當他嚴肅地重複這樣說時，我的母親甚至大笑。人們停下來，問發生了什麼事。我的母親告訴他們，他們也笑著。他們站在我的母親兩旁。來了更多的人，朋友和陌生人，全都笑著。「但我們聚集了一群人，」她說，「我們不能待在這兒，擠在人行道上。」有人支持她；陌生人和近乎陌生的人像希臘合唱團一樣重複她說的話，遵從合唱團隊長的指揮。

一種低語的輕度密謀存在。陌生人們消失了，我的母親假裝不在乎，漫步走開。我的哥哥很清楚，她會心軟：她會假裝要走開，但會在轉角的地方等著，如果我們沒有跟她走，她會回來。哥哥告訴她說，他要離開去獨自生活，還告訴她說，他的妹妹要跟他一起去。他的妹妹焦慮地等著，顯得很興奮，卻一動也不動，就坐在他旁邊的路邊石上。哥哥的這則最後通牒，以及我們在路邊石上坐著，這兩件事都是不應該的。但我們就坐在那兒，沒有「擠在人行鋪道上」，只是引來一小群人，形成一種圖像，形成十字路口的一種影像。這種影像以不同的方式出現在希臘悲劇中，有著希臘文的名稱，但也可以見之於原版的格林童話或童謠的翻譯中，可能叫做「小兄弟」、「小姊妹」。其中一位有時是另一位的陰影。時常有一位迷失了，另一位在尋找，就像尼羅河谷最古老的孿生兄妹的童話。有時他們都是男孩，像雙子座的守護神加斯陀（Castor）和波魯克斯（Pollux），有時則不只兩個。其實，加斯陀和波魯克斯的故事裡有四個人物，加上海倫（Helen）和克麗登妮絲特拉（Clytemnestra）——據說是一位淑女和一隻天鵝所生。他們成為一組，成為一個星座，成為一種常態或一種典範。其他形式可置入於此，或以此為基準，或者在不吻合的情況下被磨合後再置入。無論如何，它是一種普通的範型，只不過有時在天上找到對應的外形。他們的母親已經走開了。身為哥哥的他認為母親會回來，因為他年紀較大，而且公認是母親的寵兒。但是，身為妹妹的她並不知道這一點。然而，就算她的頭腦處在焦慮、自傲與恐懼的混亂狀態中，卻甚至沒有想到自己會跟著母親，不去管哥哥的命運，如此以她小小的身驅影響傳統行為的平衡。

## 21.

這些景象是那麼清晰，像透明的東西，放在暗室中的蠟燭前面。我也許向教授提到這些事件，也許沒有。但這些事件就是存在著。在過去記憶的精緻結構上，總是有一個陰影落在那些將一片片不規則的拼圖分開的細線所形成的複雜網狀組織，那個陰影是出現在牆上的書寫，是一條像未完成的倒S形曲線，下面有一個點，像一個問號，是一個問題的陰影——**這就是嗎**？這問號似乎要遮蔽那些顯然最令人滿意的答案。沒有答案是最終的。那答案隱含「死亡」、「終極性」、「死海果實」的成分。教授的解釋有時似乎太具啟蒙作用。我那蝙蝠似的思考翅膀會在那種突然出現的探照燈中痛苦地拍擊著。或者相反，那些似乎將把我帶離較低層次的平凡事物的其他翅膀（海鷗或雲雀），會在一個柳條編織成的籠子的有限空間中拍擊著，或者在一個鳥網的網眼下毫無作用。但是，不——教授並沒有設陷阱，他並沒有真的投下網。是我自己，藉著自己潛意識的抉擇或無意識的意志，走進或飛進其中。我過分強調或過分補償。我故意並痛苦地詳述我一點也不感到快樂的某些過去事件，唯恐我會顯得像是在逃避心理分析，或試圖欺騙「生命之書」的記錄者、欺騙「記錄天使」，而其實是在努力逃過「最後審判日」。有一次，我痛苦地解開一片象徵因果關係，隨意編織的骯髒織錦畫，並過分小心地向他詳述我一點也不感到快樂的某些友誼經驗。他卻把手一揮，並不是顯得厭倦、悲傷或驚奇；我認為，他只是有一點不滿足，好像我們把珍貴的時間，或我們在一起這珍貴的幾個小時，浪費在不重要的事情上。「但是，為什麼，」他問道，「妳擔心這一切？為何妳認為必須告訴我？**那兩個並不重要**。但妳覺得妳想告訴妳母親。」

所有的這一切在當時看起來幾乎是太簡單了。我母親已去世。事情是在她去世前發生的，是既平常又令人難以置信的事，我並沒有告訴她。有時我想要讓她免於憂慮和痛苦，就像在一戰期間，我在英國，而她在美國。那時還要考慮她個人的喪親之痛；我的哥哥死於法國的消息傳來之後，緊接著是我的父親去世。我的父親在十七歲時跟他的哥哥曾是我們美國內戰時的軍人，而我的父親在那次戰爭中失去了他這個唯一的哥哥。他哥哥是數學家、天文學家，超然又公正，是一位學者，或者如果使用較具色彩的法文，他個是*savant*（博學之士）。但是，我的哥哥在法國戰死的消息卻是很大的打擊。簡直可以說，我的父親是死於這次衝擊。教授則遭受衝擊加上衝擊，但他沒有喪命。

我的父親去世時是七十四歲或七十五歲——無論如何，都不像教授現在年紀那樣大。我的母親在一九二〇年代初度過七十歲生日。我們一起在倫敦和瑞士沃邦（Vaud）待了幾年。她回去美國。我知道她會在那兒去世；她也知道。但我不想去想及此事。我不想面對此事。努力要避免必然發生的事，有各式各樣的方式。你可以一直繞著圈子，像艾力克為我們撬開的那根圓木下面的那些螞蟻。或者，你的心靈、你的靈魂可以蜷縮起來，像那些白蛞蝓一樣睡著。

## 22.

**那兩個並不重要**。我的生命中有兩個、再加兩個、再加兩個。有兩個真正的兄弟（我們三個人相隔四年出生）。有兩個同父異母兄弟。有埋葬兩個姊妹的兩個小小墳墓（其中一位是同父異母姊妹，但就是有兩個緊鄰的墳墓）。房子有兩個，是我們的房子與我們的祖父母的房子，位於同一條街道，有同一個花園。賓州有兩個跟聖經有關的城鎮，一個是我誕生的地方伯利恆，一個是我八歲時全家搬去住的費城。有一段時間，我意識到兩個父親和兩個母親，因為我們以為老爸爸和老媽媽（我們的母親的父母）是我們自己的「另一個」父親和母親，而事實上也是如此。

在教堂街的那第一間房子中的「每個人」（除了我自己）都有兩個。兩個兄弟住同一間房間；兩個同父異母兄弟可能在任何時間一起出現；兩個女僕睡在廚房上方的房間；兩個父母在他們的房間。（這間「挪亞方舟」後來添加了新的成員，但在我的最後一個弟弟出世之前，這種型態早已固著在我的意識中。）

我的父親結婚兩次，所以有兩個妻子，只不過其中的一個已去世了。而在我後來的生活中，也有兩個國家，即美國和英國，被一種意識上的巨大差距和一大片海洋所分隔。

海洋變得較狹窄，意識上的差距有時也可以忽視。無論如何，有一種二元性存在。英語民族都是有所關聯的，都是兄弟，甚至是孿生，但他們並不是一體的。所以在我身體之中，有兩種不同的種族或生物或心理的本質變得越來越接近，或甚至混合在一起，因為時間癒合了意識中的古老裂隙。我父親的第二個妻子，她的父母是一個原始的十八世紀初期神祕新教修道會——稱為「聯合弟兄會」，即波希米亞或摩拉維亞弟兄會——成員的後代。至於我們的母親，她的父親有部分中歐人血統，我想是那時自稱的波蘭人。當時他的祖先離開波蘭，不過波蘭後來變成德國的，然後像其他類似的地區一樣動盪不定，有如較早期封建領土的爭鬥情況。利伏尼亞、摩拉維亞、波希米亞。欽岑多夫伯爵[9]，這位波希米亞新生弟兄會的創立者，是奧地利人，他的父親被流放或自我流放到上撒克森（Upper Saxony），因為他成為新教徒。教授本身是奧地利人，其實他就在摩拉維亞出生。

9 譯註：欽岑多夫伯爵（Count Nicholas Ludwig von Zinzendorf, 1700-1760），基督教歷史上影響深遠的傳道人，出身撒克森的貴族家庭，受敬虔派薰陶，也服膺路德宗教義。十八世紀初有許多來自摩拉維亞、波希米亞等地的人因宗教迫害逃到欽岑多夫的領地主護城（Hurrhut）尋求庇護，欽岑多夫誠懇接待，並於一七二七年領導他們重組「摩拉維亞弟兄會」（Moravian Brethren，有時也稱波西米亞弟兄會），該會信崇路德宗，重視內在靈修感受，之後也在荷蘭、丹麥、英國、北美成立分會，一七三二年派遣宣教師到印度，次年再派宣教師到格林蘭，是基督教普世宣教的先驅。

# 23.

母親？父親？我們在教堂街房子的花園中見到其中一人，在教堂街更遠的地方見到另一人，那兒的鋪道在教堂下方蜿蜒著，通到商店。但我們並不逛商店。我們並不造訪任何人，無論是普通朋友、親密的朋友、近親或遠親。每個人都認識我們的母親，所以我們從來就不確定誰跟我們有關係，誰沒關係——而就某種意義而言，每個人都有關係，因為教堂的緣故。我們以某種很特別的形式同屬於一群人，因為我們在聖誕節前夕的燭光禮拜，跟任何地方任何人的燭光禮拜都不一樣，也許除了歐洲的某些地方。歐洲是在很遠的地方，那是我們的父母蜜月旅行的地方。重要的是**她**，因為她笑盈盈，不是對我們笑，而是跟我們一起笑，或在我們上方和四周笑。**她**把四開本樂譜和散開的單面樂譜擊在我們的鋼琴上。關於**她**，並沒有問題。問題是，她認識那麼多人，他們會來打斷我們。除此之外，她比較喜歡我的哥哥。如果我跟我的哥哥待在一起，幾乎成為哥哥的一部分，也許我就可以更接近**她**。

但再怎麼接近也不夠的，或者說，就算接近，那也是因為我出了麻疹，或患了猩紅熱。如果我可以經常接近她，意識上就不會有斷層——但半個麵包勝過沒有麵包，何況我也要為他說話，這些話並不是完全可以忽視的。他有些神祕的習慣，如夜晚出門，白天睡在他書房的躺椅上。那是他的書房。只要他坐在桌旁時你不跟他說話，或者當他躺著時，你不打擾他，你是可以自由來來去去的。那是一個安靜的地方，沒有人會干擾或打斷。他的書架放滿了書，房間都排列著書。最高的書架頂端放著那個頭蓋骨，鐘形玻璃瓶下面則是那隻白貓頭鷹。他的書甚至比我的祖父還多。他那個三角形紙鎮使得房間的東西看起來像重複出現，呈現不同的三維空間。當然，我當時其實沒有將這些事形諸言語，幾乎沒有去思考。但就某種特別的意義而言，我在這個地方是有特權的。他後來把那把裁紙刀信託給他的女兒；他把他那些沒有裁開的雜誌和期刊留給她。她知道如何小心使用裁紙刀裁雙頁書頁，而這特別重要，因為她的哥哥並沒有受邀來這裡裁書頁。他當然有很多其他東西要做。我們的母親是兩類人的混血，一類是早期的賓州殖民者，是來自這個島——英國——的人，另一類是來自中歐的人。他則是單純的。他是新英格蘭人，只不過他並不住在那裡，也不在那裡出生。他的祖先是清教徒，他們戴著感恩節雜誌專刊中的那種尖帽。他們跟印第安人作戰，燒死女巫。他們的帽子像醫生戴的帽子，從掛在他書房中的唯一一張畫可以看出來。如果我沒有記錯，原來的畫是林布蘭畫的。畫中桌子上那個半裸的男人已死了，所以當醫生們用小刀或剪刀割他的手臂時，他並不會痛。那幅畫叫〈解剖學課〉嗎？

畫叫什麼名字並不重要。那是一幅有關醫生的畫。現在有一位醫生靠在我躺著的躺椅的椅背上。他是一位很有名的醫生。他叫西格蒙特·佛洛伊德。

## 24.

我們在思想、想像或記憶的領域中旅行到很遠的地方。事件的發生就一如它們所發生的。當然不是全都如此，但時常會有一種夢中圖像的記憶或片斷是確實的，是真實的，就像一件藝術作品，或者就是一件藝術作品。我已談及我跟我哥哥在一起的兩個場景是分開的，像一個暗黑房間中的幻燈片，放在點亮的蠟燭前。那些記憶、想像、夢境、幻想——或不管什麼——是不同的。它們的質地是不同的，它們對心靈和身體的影響是不同的。它們具有療癒作用。它們是真實的。它們的長度、寬度、厚度的三維空間是真實的，就像任何青銅、大理石、陶或泥製的東西那麼真實；這些東西充斥在牆四周的架子上，也在另一個房間中教授的桌子上形成一個寬闊的弧形，呈現高雅的精準樣態。但我們不能證明它們是真實的。我們能夠以鑑賞家的身分去區分（如同教授針對他這裡的收藏品所做的那樣）真貨和假貨。一件珍貴的東西可能有很好的複製品，那是有價值的，但我們必須區分真實的複製品和虛假的仿冒品。有一些合金可能會腐蝕或腐爛。如此腐朽後的部分必須加以分離或刮除。有些珍貴的破裂片斷並不具意義，除非我們找到與它們相配的其他破裂片斷。

有的夢瑣碎、混亂，有些夢很真實。瑣碎的夢與真實的夢之間的關係，就像迎合低級趣味的報紙裡的一欄新聞，與莎士比亞的一本四開本戲劇的一頁。夢的種類很多，就像我們所讀的書，我們所看的畫，或我們所遇見的人。

「哦，夢啊——我們知道你們這些佛洛伊德信徒認為你們的夢是來自何處！」**你們的年輕人將看到幻象，而你們的老年人將做夢**。很多夢的來源是聖經或聖言。我們在其中也讀到約瑟，他的兄弟們如何譏笑他，**看哪，這個做夢者來了**。[10]

我跟教授討論了一些真實的夢，一些居間的夢，其中包含真正的意象，或其「神祕符號」關聯到真實影像，以及一些古趣、瑣碎、嘲弄性的夢，它們像化裝舞會的全勝者或五月皇后繞著五朔節花柱跳舞。[11]但我跟教授在一起時所出現的最明亮、最明確的夢境內容，是夢到我們稱之為「公主」的那個女人。

## 25.

她是一個黑皮膚的女人，穿著一件色彩清晰的衣袍，是黃色或淡橘色。衣袍穿在她身上就如同一件式的衣服，像一個高階種姓的印度女人才能穿的莎麗服。但她不是印度人，而是埃及人。她出現在長長的樓梯頂端，大理石階梯通到一條河。她沒有佩戴裝飾品，沒有佩戴顯示她身分的頭飾或權杖，但是任何人都會知道，這是一位公主。她一階一階走下梯階。她不會轉回去，她不會停下來，她不會改變緩慢的步伐節奏。她手中沒有拿任何東西，沒有人跟她在一起。她身上或四周，或雕刻的階梯四周，都沒有無關的東西，來表明所涉及的象徵性細節或枝節問題。沒有細節。梯階呈現幾何圖形，很對稱。她很抽象，極盡一個女人可能臻至的抽象境地，然而她卻是真實的個體，一個真實的人。

10 譯註：約瑟是亞伯拉罕的曾孫、以撒的孫子，雅各的第十一個兒子，他是亞伯拉罕宗教（猶太教、基督宗教及伊斯蘭教）一致公認的古代重要的人物。約瑟因備受父親寵愛而被哥哥們嫉恨，賣給以實瑪利人為奴輾轉來到埃及，又受到誣陷而下獄。但他憑藉解夢的天賦得到法老的信任，三十歲獲任命為埃及首相。約瑟憑藉解夢的能力改變自己的命運，也拯救了埃及；他與兄弟和解的故事是《希伯來聖經》中極為動人的一幕。

11 譯註：五朔節在每年五月一日舉行，人們祭祀樹神、穀物神以慶祝豐收及春天來臨，是歐洲歷史悠久的傳統民間節日，最早起源於古代東方。人們在慶典中豎起高高的「五月柱」，飾以綠葉象徵生命與豐收，男女圍繞著它跳舞。有的地方仍按照古風在五朔節選出一位「五月皇后」並舉行加冕儀式。

我這個做夢的人，在階梯底端等著。我不知道我是誰，也不知道自己怎麼到那兒的。沒有「之前」或「之後」，那是時間之中或時間之外的一個完美時刻。然而，我在掛慮著一件事。我在最低的階梯下面等著。在我旁邊的水中有一個很淺的籃子或方舟，或箱子或小船。當然，裡面放了一個嬰兒。公主想必發現了嬰兒。我知道她會發現這個小孩。我知道這個嬰兒會受到她的照顧和保護，而這是唯一重要的事情。

我們全都看過這幅畫。我在小孩時代還不識字時仔細看著這幅畫，那是在法國畫家杜雷（Doré）[12]的插畫聖經裡。但杜雷的黑白插畫和這個夢並無共同之處，除了主題相同。這幅畫的名稱是〈摩西在蘆葦中〉，教授當然知道。教授和我討論這幅畫。他問我，我這個做夢者是否就是蘆葦籃子中的嬰兒？我不認為是這樣。我是否記得我在小孩時代所知道的這幅畫中有其他人物呢？我記不得了。教授認為那個小孩米利暗[13]半隱藏在燈心草中，我記得嗎？我隱約記得。我也許是那個米利暗嗎？或者，我在幻想中畢竟就是那個嬰孩？在最深的無意識或潛意識層面中，我希望自己就是那個新宗教的創立者嗎？

## 26.

任何涉獵精神分析理論的業餘研究者，甚至能夠從這種到目前為止很簡短的證據中，重建投射這種夢中畫的動機，或者實質或壓制或壓抑的心靈驅力。那個抱著洋娃娃的小女孩置身在她父親的書房中。她來到父親的書房，想要獨處，或與父親獨處。她哥哥的興趣比較生動與外向，並不樂於參與她的洋娃娃家庭遊戲。他應該是洋娃娃的父親，或那位時而被喚來的洋娃娃的醫生。但他對此不感興趣。他有士兵模型、彈珠和類似的東西，以及在室外或室內賽跑。

12 譯註：古斯塔夫．杜雷（Gustave Doré, 1832-1883），十九世紀法國著名版畫家、雕刻家、插圖作家，為許多名著的新版本繪製插圖，包括《聖經》、彌爾頓《失樂園》，及但丁的《神曲》等。

13 譯註：米利暗是摩西的姊姊，根據《出埃及記》的記載，埃及法老命令殺死新生的希伯來男嬰，摩西的母親約基別生下摩西以後教米利暗把嬰兒放在河邊蘆荻中，讓法老的女兒發現並收養。機靈的米利暗又建議法老的女兒雇用摩西的親生母親約基別為奶媽，摩西因此得在希伯來家庭受養育。米利暗這個名字在希臘語中的形式即馬利亞。

在父親的書房中，我們必須安靜。一個小女孩、一個洋娃娃、一個冷淡又沉默的父親，三者形成這種三角形、這種家庭羅曼史、這種遵循公認的宗教模式的三位一體：父親冷淡、疏離，是負擔生計的人，是保護者——但有點不可及，有點太遙遠，就比例來講很像巨人，並且不太友好；母親，一個處女，是「聖母」，也就是一個未被觸碰過的小孩，透露出崇拜的模樣，表現出信仰，建立著一個夢，而這個夢由三位一體的第三個成員——孩子、她懷中的洋娃娃——來作為象徵。

## 27.

洋娃娃是這個特別的小孩的夢，或夢的象徵，就像位於架子上或另一個房間中教授的桌子上那些微微讓人恐懼的太陽神、星星之神、愛神、生殖之神、法老等不同形體，是其他崇高和崇拜的靈魂的夢，或夢的象徵。個人的童年是種族的童年，我們已注意到，教授在某處這樣寫著。我身體裡的孩童已不見。

孩童已消失，然而並沒有死去。與教授的這種接觸強化或投射出有關一個「公主」，有關河流、階梯、孩童的這個夢。那河流是埃及的河流，即尼羅河；「公主」是埃及女人。就像我所說的，埃及以實際或推斷或暗示的方式，出現於掛在我上方牆上的卡納克神廟的老式版畫或雕刻中，或出現於另一個房間中教授的桌子上那些輪廓矇矓的太陽神或星星之神或法老的蛋形形體中。「王后」或「公主」是明顯的母親象徵。而且，我們時常提到教授的法文譯者瑪麗·波拿巴夫人；教授都稱她為「公主」或「我們的公主」。

就像在德布靈的房子中教授生日的場合一樣，在這兒，或許我也想要獲得什麼不同的東西，或者，我想要給教授什麼不同的東西。希臘的喬治公主一直都提供助力，以她的影響力促進精神分析學會整體的利益。她是「我們的公主」，因為瑪麗·波拿巴夫人把教授艱澀的德文譯成法文，並且在納粹的威脅降臨維也納時，準備好給予教授支持。她是在這個世界上的「我們的公主」，很誠摯，又有影響力。但是，我有可能感覺到另一個世界、另一個「公主」嗎？我有可能（跳脫每種知性阻擾和障礙）不僅希望，而且**知道**教授會重生嗎？

## 28.

我的生命之中已發生了一些事情，是圖像、「真正的夢」、實際的心靈或神祕的經驗，它們至少在表面上超越了已確定的精神分析領域。但我正在跟老教授本人一起工作，我要他針對一連串事件提供意見。沒有錯，我沒有公開討論這些經驗，但我過去曾向一、兩個（我心目中）極為聰明和有才賦的人尋求幫助，而他們並沒有幫助到我。至少，他們無法消除我的心魔。我想，如果教授做不到，那就沒有人做得到了。我無法藉由書寫這種經驗而排除掉它。我已經試過。不斷對著空氣說出此事，就像「古舟子」用那隻瘦巴巴的手拉著婚禮客人的衣服，那是沒有用的。我自己那瘦巴巴的手會把一些牌排列在桌子上——此時此地——在這兒跟老教授做這件事。他不只是世人以為的他，這一點我很清楚。如果他無法「算我的命」，別人也做不到。他不會說那是算命——但願不會有這種事！但我們會漸漸觸及神祕的現象，我們會讓他知道事情是怎麼發生的。至少我們可以做到這一點——無論如何做到一部分。我可以說，我確實說過我經歷過很多次嚴重的打擊。緊接著我的哥哥在法國作戰喪命的消息之後，就是我的父親去世的消息。當時我單獨一個人在倫敦城外，時間是一九一九年流行感冒疫情嚴重的冬天之後的那個初春。我在等待著第二個孩子出生；一九一五年我的第一個孩子流產，因為戰爭的消息很殘酷，讓我深受打擊和影響。

基於某種原因，我知道我必須生下第二個孩子。哦，她會被生下來的，會的，雖然我必須面對一個公認的科學事實：一個苦於肺炎，苦於雙肺炎的待產母親是活不下來的。她可能活下來，但這樣的話孩子就不會活下來。兩人都活下來的情況，就算有也很少見！但我們有理由都活下來，而我們也確實活下來了，但無論如何付出了某種代價！那種要把我們從危險中救出來的物質與精神重擔，落在我那時剛剛遇到的一個年輕女人身上；凡是認識我的人，都知道這個人是誰。她的假名是布麗荷，我們全部叫她布麗荷。如果我情況好轉，她自己會去注意保護和撫育嬰兒，並且她會帶我到一個新世界，帶我去過一種新生活，帶我到一個國度，而這個國度在精神上是我所偏愛的，在地理上是我所夢想的。我們要到希臘，這是可以安排的。雖然我們兩人是那次戰爭後最先到雅典的非正式訪客，但事情還是安排了。時間是一九二〇年。這個一九二〇年春天，有很多未解決的恐怖、危險、悲痛的事情在等著我，包括生理以及精神或知性方面的。如果我有一點適應不良或甚至稍微精神錯亂，也不會是令人驚奇的事。但在一連串的奇異經驗中，教授只挑選一件，視為危險或具危險的意味，或者是一種危險的傾向或症候。我還不太明白為何他挑選牆上的書寫，視為危險信號，卻省略了我心目中同樣重要或同樣「危險」的傾向或事件。無論如何，既然教授挑選牆上的書寫，視為最危險或唯一真正危險的「症候」，我們就要在這兒評論此事。

# 29.

我於一九二〇年四月末在愛奧尼亞的科夫島一間旅館的臥室，看見了一連串的陰影圖像或亮光圖像投射在牆上。就特質和強度而言，就清晰度和真實度而言，它們跟我夢到那位「公主」——法老的女兒——走下梯階，屬於同樣的心靈範疇。我自己認為這種夢或投射的圖像或幻象，是一種居間狀態，介於「平常的夢」以及「那些因缺少較明確的語詞而必須稱之為通靈者或具超人視力者的幻象」之間。一些記憶，如我所記錄的有關我父親在花園以及我母親在教堂街的記憶，就某種意義而言，也是超記憶。這都是平常、「正常」的記憶，卻保有很生動的細節，因此幾乎成為時間之外的事件，像那個有關公主的夢以及牆上的書寫。就那些到目前為止被浮面地分類或合成的超常、不正常（或低於正常）的心智狀態機制而言，這些超記憶是其中的梯階。梯階？那位公主正從一間房子或宮殿或廳堂走下梯階，而這些地方都遠遠超越我們的人類居所。梯階通到一條河，可以說是生命之河，河的名稱是埃及的尼羅河。她是

「我們的公主」，具體而言是教授和我的公主，是「我們」的個人守衛或靈感。她特別是「他的」公主，因為這顯然是一種生命的願望，我已經把它投射進，或投射到教授的種族、祖先背景的影像中。我們已談到他的年紀，他那對我而言七十七個象徵化的玄祕力量和神祕。我坦誠地告訴他此事，不怕被冷落或被認為荒謬或迷信。那個七十七對我而言是很重要的。我有一個七，或者在他五月生日後的幾個月會得到一個七。此時我的七是四十七，所以我們之間的年紀差了三十年。但是，年紀？我們四周都是王朝前的埃及古老形像或「玩偶」。當教授桌子上的太陽神、生殖之神或法老的小形像，第一次被尼羅河岸上造物神的偽祭司用錘子敲破時，摩西也許都還沒有出生呢。

## 30.

無疑，那位有天賦的女人，即教授所稱呼的「我們的公主」，讓我留下很深刻的印象，也許還讓我感到相當嫉羨。無疑，我在無意識中貪求她的世俗地位、她的知性資賦，以及她有能力把西格蒙特・佛洛伊德艱澀、學術性且優美的德文譯成同樣傑出又優美的法文。我無法與她競爭。我在意識中並沒有任何想這樣做的欲望。但我在無意識中也許希望成為同等的另一分子，或希望擁有相等的力量，來讓教授受益和保護他。我也很擔心教授對於未來生活的態度，只是我沒有公開說出來。有一天，我深感痛苦，因為教授跟我談到他的孫子們——他們會成為什麼樣的人呢？他問我這個問題，好像他家人的未來，是唯一要考慮的未來。當然，他自己的工作、他的書的未來是完全穩當的。但有一個更逼近的未來要考慮。讓我憂心的是，我感覺到他並不知道——雖然這似乎是不可能的——他真的不知道，當他抖落多年歲月的脆弱外殼時，他會「醒過來」，發現自己活著。

## 31.

我並沒有對他談過這件事。我並不真正體會到，我對這件事的憂慮有多麼深。這是一個事實，但卻是我不曾親身或具體解決過的事實。我接受一個抽象的想法，視為我的種族遺產、宗教遺產的一部分。這個想法就是，人的不朽，個人的靈魂在抖落老舊或已不適用的肉體之後以其他形式存在。新英格蘭詩人奧利佛．溫多爾．霍姆斯（Oliver Wendell Holmes）的〈鸚鵡螺〉，曾是我學生時代很喜歡的一首詩。我當時沒有想到這首詩，但現在我寫下這些文字時，詩的韻律在我腦中迴響。最後一節的結尾是：**直到你終於自由了，把你的不適合的殼留在生命不安定的海之旁！**另外一行是：**為你建起更莊嚴的大廈，哦我的靈魂啊**。就我與教授的關係而言，我確實感覺到我已經臻至成就的最高點。我是說，我認為我在四十七歲時遇見他，被他接受為精神分析法的治療對象或學生，我的所有其他個人接觸和關係似乎因此達到高峰狀態，我的身心的所有螺旋似的曲曲折折，也似乎因此證明是正確的。事實上我已經回到家了。另外一首詩很必然地在提醒我：

在常久慣於波濤洶湧的海邊，

妳風信子般的秀髮，妳典雅的臉龐，
妳水中仙子般的風姿已帶我回鄉親見
希臘的榮光、
羅馬的莊嚴。

這當然就是埃德加・愛倫・坡那首常為人引用的〈致海倫〉，而我的母親就叫海倫。

## 32.

一九二〇年春天，我在希臘愛奧尼亞的科夫島一間旅館臥房的白牆上，看到投射的畫或以畫呈現的書寫。教授把它們解釋為我想要與我的母親重會。我人在希臘，在海拉斯（海倫）。我已回鄉親見希臘的榮光。也許，我那個春天的希臘之旅可以詮釋為逃離現實。也許，我在那裡的經驗可以解釋為另一次逃離——逃離一次逃離。無論如何翅膀是存在的。我可以說，在此之前以及從此之後，我都不曾有這種經驗。我在床腳和臉盆架之間的牆上看到一個模糊的形狀在形成。那是午後稍晚；牆是一種粗糙、無光澤的赭色。最初，我以為那是陽光穿透了陰影，而陰影是從臥室窗子外面那些長滿葉子、結滿果實和開滿花兒的柑橘樹那裡投射下來，或投射過來。但我立刻體認到，我們所在的房子這一邊已經籠罩在早先的陰影中。牆上的圖像像是沒有顏色的貼紙或貼花——我們小孩時代很做作地這樣稱呼它。第一個圖像是頭部和肩膀，四分之三的臉，沒有明顯的五官，是一個兵士或飛行員的模板印圖或圖案，但形體是陰影上的暗光，不是光上的陰影。它是來自亮光的剪影，不是陰影，並且不具個人的意味，可能是任何國家的任何人。但是，那個出現帽簷的頭部有著非常熟悉的線條，立刻就成為了**某個人**，儘管確實無法辨認，卻暗示一個問題——死去的哥哥嗎？失去的朋友嗎？

然後是一個酒杯或杯子的一般輪廓，實際上暗示著神祕的聖杯，但它是我們所熟悉的酒杯形狀，有圓形的基底和杯腳。這個聖杯跟那兵士的頭一樣大，或毋寧說所占的空間一樣大，好像兩者都是印在畫卡上的正式圖樣，或者甚至是（現在我想起了）印在撲克牌上的正式圖樣。我跟教授在一起時已說過，我會把我的一些牌排在桌上。這就是那些牌；到目前為止有兩張。第三張立刻出現，或者說我現在知覺到它了。那是簡單的透視圖案，至少暗示著與另外兩個扁平圖樣比較起來呈現透視圖樣。它是一個圓圈或兩個圓圈，下面的那個較大，並且由三條線連起來，不像我說的那樣是扁平的，而是呈現透視圖樣；一旦了解到傾斜的平面會讓人想到空間，它就是一個畫起來很簡單的東西。這件東西很簡單，卻不好看，所以我又想著，「它是一個被投射的陰影。」其實它不可能是「亮光」，像這個陰影那樣，不可能是亮光；但是，跟這個圖樣一模一樣的圖案出現在老式臉盆架那個上方欄板上。臉盆架上還有牙缸、肥皂碟以及各種雜物。這個架子也放置著我們所擁有的小酒精燈。（幽靈燈？）[14]我知道，如果這些東西是從我自己的腦中向外投射出來，那麼，這就是一種巧妙的

14 譯註：酒精的原文 spirit 也有「幽靈」的意思。

把戲、一種捷徑、一種雙關語、一種玩笑。位於臉盆架上雜亂東西之中的那個三腳燈架，就是我們的老朋友：古典的德爾菲三腳架。[15] 所以，這個三腳架，這個祭拜太陽神的聖物，象徵詩與預言，藉由聯想而結合了這個嵌進小煮鍋的最尋常小金屬架。當我們在房間樓上為那額外提神的茶水煮沸水時，就用這個三腳架來支撐小煮鍋。於是，這個三腳架在想法上就結合了某種友善和尋常的東西，即我的旅人裝備中的第三或第二件東西，作為扁平的酒精燈的基底，也用以支撐那個鋁製容器。這個三腳架現在更加成為一種聖物。無論如何，它就在那裡，是我在桌子上的第三張牌。

# 33.

到目前為止情況很好——或者說，到目前為止是很危險、「症候」很不正常。至少所書寫的東西是一致的，出自同一個人，由同一隻手所畫或所寫。不管那隻手或那個人是不是我自己，把影像投射出來，作為源自我自己的潛意識心智的一種信號、警告或指標，不管是不是從外在投射出來——它們至少是足夠清晰的，雖然很抽象，卻同時關聯到我們的一般時間和空間的影像。但在這裡我停下來，或者手停下來，好像符徵的結論或指涉有一個小小的問題。我是說，好像有畫家從一幅畫往後退，俾能更清楚審視構圖，或者音樂家在譜架旁停頓一會兒，懷疑自己是否要讓樂曲持續下去，或者，以一種比較務實的心態懷疑自己是否可以翻動前面架子上的樂譜而不打斷音樂的流動。我自己也是這樣，懷疑我持續這種經驗或實驗是否合適？或者甚至是否安全？雖然我的大腦不可能花很長的鐘面時間讓這些圖像形成，但它已經在警告我說，這是一種不尋常的空間次元，是一種不尋常的思考方式，我的大腦或心智可能無法處理這種情況。也許就這個意義而言，教授是正確的（事實上他一直都是正確的，雖

15 譯註：德爾菲（Delphi）是所有古希臘城邦共同的聖地，古希臘人視為世界的中心，主要供奉阿波羅。著名的德爾菲神諭就在這裡頒布：女祭司坐在三腳架上，三腳架支在產生天然氣的裂縫——人們視為產生神諭的溝壑（Adyton）——中，女祭司因蒸氣與煙霧的影響而進入迷狂狀態向眾人傳達神諭。

然我們有時會把想法譯成不同的語言或媒介）。但我在那裡，坐在希臘小島旅館臥室中的那張老式維多利亞沙發上；而在這裡，我躺在教授房間中的躺椅上，告訴他這件事。十年後我又在這裡，坐在倫敦我自己的房間中的桌旁。但鐘面時間並不存在，雖然我們過分講究時間，擔心著要以正式的方式處理一個沒有種族障礙和沒有時間障礙的問題。這裡出現了教授的發現和生命研究中的無意識或潛意識相關的神祕符號，這種神祕符號實際上就在我們眼前運作。但是，要維持這種心情，這種「症候」或這種靈感，並不是容易的事。

我坐在那裡，還有帶我到希臘的朋友布麗荷。我此時可以訴諸於她，只是我一丁點的距離也沒動，像凝視水晶球般一直盯著前面的牆。我對布麗荷說，「這兒出現了圖像，我最初以為是陰影，但它們是亮光，不是陰影。它們是十分簡單的東西，但很奇異，這是當然的。如果我想要，我現在就可以擺脫它們，那只是心思專注的問題。妳認為呢？我該停下來嗎？我該繼續嗎？」布麗荷毫不猶疑地說，「繼續。」

# 34.

我在跟布麗荷說話時，一種生動如畫的營營聲傳來。我是說，在三腳架的基底四周出現小小的動物，但呈黑色。它們在四周移動，在三腳架基底裡頭和四周移動，但它們很小，像聚集著的螞蟻，或像翅膀長了一半、還不會飛行的昆蟲。蒼蠅嗎？似乎是蒼蠅，但不是，它們像小小的人，全都是黑色的，或者輪廓像是在陰影裡面，或與陰影結合在一起，不同於我描述過的三張「紙牌」的形體。它們不是自身的象徵，只是一種灰塵、一種雲狀物，或一群小東西，前後移動著，但卻是在一個平面上移動，好像在走動，不是在飛行。甚至在思考這種書寫的新面向時，我也感到很困惱，就像一個人忽然置身在鄉村小巷裡，在黃昏的亮光中被一群突然出現的小東西襲擊。它們並不重要，但只要其中有一者附著在眼睛之中，那會是場災難。我有那種感覺；人，人——他們如此讓我困惱嗎？他們也許終會遮蔽我的視野，或者更糟的是，其中有一者會「附著在我眼睛之中」嗎？他們是人，他們讓人困惱——我並不憎惡人，我不特別憎恨任何一個人。我認識極有天分和有魅力的人。他們很看重我，或者他們輕視我。然而在面對最嚴肅的問題——生與死——之時，讚美和輕忽都不重要。（我已有我的孩子，我活著。）然而很奇怪的是，我知道，這種經驗，我面前的這種牆上的書寫，並無法與他們共有。無法與任何人共有，除了與這個勇敢站在我旁邊的女孩共有。這個女孩毫不猶疑地說，「繼續。」她確實表現出德爾菲女預言家的超然和正直。但我，受折磨的我，與我的美國家庭和我的英國朋友斷絕關係的我，看到了圖像，讀到了書寫，或獲得了內在的靈視。或者，也許就某個意義而言，我們是兩人一起「看」著它，因為如果沒有她，我無疑是不會繼續注視的。

## 35.

雖然我現在確定了她支持我，我卻因專注而頭痛欲裂。我知道，如果我放鬆，減低注視的強度，閉起眼睛，甚至眨眨眼，讓眼睛休息，圖像就會消失。

我的好奇心是無法滿足的。這種事以前不曾在我身上發生，以後也不可能再發生。我注意看著圖像時，實際上並沒有在分析。但似乎可能的情況是，圖像投射（從內心或從外面）的機制，涉及到我對於位在德爾菲的聖廟的感覺，或者，就某方面而言與此有關。其實，我們曾想要在伊提亞做中途休息；我們從雅典過來，坐船穿過科林斯運河前往科林斯灣。德爾菲和海利歐斯（海拉斯、海倫）的聖廟，其實是我旅程的主要目標。就喜愛的程度而言，雅典是接近的第二選擇。然而，我們離開雅典後，船停在伊提亞，我們被告知說，兩個女人絕對不可能單獨在通往德爾菲的蜿蜒道路上旅行，當時這麼做太危險了。我在想像中清晰地看到德爾菲隱藏在巴納塞斯山下面。布麗荷和我被迫滿足於在美麗的科夫島上待了比原先計劃更長的時間。

但有關德爾菲的思緒經常深深觸動我內心。布麗荷和我那一年冬天回到前一個春天待過的倫敦——那年春天倫敦像冬天那樣冷——我們談到那條有名的神聖道路。她自己曾在一九一四年的戰爭之前跟父親造訪這些地方。我在一九一九年疾病復原期間曾對她說，「只要我感覺到我能夠走那條到德爾菲的路，我知道我就會好起來。」但是，事實不然，我們是那麼接近，但卻無法到德爾菲。我們當時是朝另一個方向走，朝布倫狄希、羅馬、巴黎、倫敦走。我們收拾了一半的行囊、打字機、書籍已散放各地；我們顯然就要離開。我們離開科夫，並不是為了回到雅典，雖然我們第一次到科夫時曾談到要這樣做，畢竟我們當時想到一種可能的安排：跟隨雅典一間考古學校的團體，從雅典橫越大陸到德爾菲。旅行是很困難的，希臘這個國家本身處於政治動亂狀態。我們在旅館偶然認識的人表示很驚奇，竟然會允許兩個單獨的女人在那個時間前去。我們一直是「兩個單獨的女人」或「兩個單獨的女士」，但我們其實並不是單獨的。

## 36.

以前就曾經有過「牆上的書寫」，是在聖經文學中，在古典文學中。至少在各個時代中都曾有一種傳統：從另一個世界或另一個存在狀態發出警告或訊息。德爾菲特別是先知和音樂家的聖地，是藝術家的靈感和醫師的守護神。那個「無瑕的醫生」阿斯克勒庇俄斯[16]，不正是被公認為太陽神阿波羅之子嗎？宗教、藝術和醫學在以後的時代分離了，越走越遠。這三者一起運作，形成一種新的表達媒介，或新的思考或生活形態，其象徵是三腳架，是我面前牆壁上的第三個影像，是我為了老教授好而放置在桌子上的第三個「紙牌」。我們知道，三腳架象徵先知，象徵預言或玄祕，或隱藏的知識。德爾菲的女祭司或女預言家坐在三腳架上，唸出詩的對句，即有名的德爾菲預言，據說可以以兩種方式來解讀。

我們可以以兩種或不止兩種方式解讀我的書寫，解讀「有書寫」的這個事

16 譯註：阿斯克勒庇俄斯（Asklepios）是古希臘羅馬的醫神，其傳說原型可能來自歷史上的真人實事。在希臘神話中，阿斯克勒庇俄斯是阿波羅與凡人公主所生，及長，跟從睿智的半人馬凱龍（Chiron）學習治療之術，成為醫術高超的醫者。其高超的醫術能起死回生，引起冥王哈帝斯不悅，宙斯亦忌憚阿斯克勒庇俄斯如神力般的醫術，足以令所有凡人不朽，遂以閃電擊殺之。後因阿波羅的請求受封為醫神。

實。我們可以把它解釋為一種受壓抑的欲求——欲求禁忌的「信號和奇蹟」，欲求踰越界限。我們可以把它解釋為一種受壓抑的欲求，欲求成為一位女先知，無論如何欲求讓自己顯得很重要，就是人們所謂的自大狂——是一種隱藏的欲望，想要「創立一種新的宗教」，而教授在後來的摩西圖像之中發現了這一點。或者，這種牆上的書寫只是藝術家心靈的延伸，是一種圖像或一首圖詩，取自實際的夢或白日夢內容，從內心（雖然顯然是從外在）投射出來，確實是一種強而有力的想法，只是過分被強調、過分被思考了；或者，是一種想法的回響，一種反射的反射，一種已無法控制、太過踰越的「怪異」思緒，一種「危險的症候」。

## 37.

但無論是症候或是靈感，書寫繼續自我書寫或被書寫。它顯然是圖像書寫，只不過它的象徵可以譯成今日的用詞；它在精神上是希臘的，不是埃及的。無論如何，原始或基本的影像是與整個種族共通的，並且可以應用在幾乎任何的時間中。

## 38.

到目前為止，圖像、貼紙或「貼花」是以水平的方式出現在床腳和臉盆架之間的牆壁空間上。此時，它們往上進行，或者似乎就要這樣了。那「營營聲」似乎已經停止，或者黑色的蒼蠅已經飛走，或者陰影似的人已經消失。最先的三個圖像或「桌子上的紙牌」是靜態的，它們完整地出現在那裡，或者它們模糊地出現在那裡，當輪廓和意義變得可以辨認時，它們就變得比較不模糊。但這種圖像或象徵開始在我眼前自行畫了出來。**移動的指頭在寫著**。兩個光點被放置或出現在洗臉盆圍欄上方的空間上，一條線形成了，但卻是那麼緩慢——好像那兩個沉重的點從其自身的中心伸長，好像當兩條線出現時，它們的強度就減弱了，慢慢地朝彼此移動。顯然它們會相遇，而我們從圖像（一塊黑板上的兩個點）會看到一條單一白線。我不知道這兩條脆弱的線要多久才會相遇，然後成為一條線，被強化或像文字成為斜體般地被加以強調。一條線？可能不到一秒就形成，但現在我完全意識到，要這樣專注是很困難的。我臉部的肌肉似乎因為費勁而變得僵硬，而我可能會被凍住，就像智慧女神雅典娜的一個敵人；柏修斯[17]讓這個敵人看蛇髮女怪的頭，他就變成了石頭。我是在看著蛇髮女怪的頭嗎？我是一個可疑分子，一個要對付的敵人嗎？或者，我自己就是柏修斯，那個為「真理」和「智慧」而成的英雄？但是柏修斯穿著有翅膀的涼鞋和隱形斗篷，可以在任何地方排除障礙。尤有進者，他自己可以揮動蛇髮女怪那個被切下來的頭做為醜陋的武器，因為雅典娜（或赫爾墨斯、莫丘利？）已告訴他怎麼做。他會自行使用自己的武器，即「智慧」和「美」的敵人那個被割下來的醜陋頭部，使用的方式是在他的盾那擦亮的金屬中看著這個映照出來的頭部。就算他是個半神或英雄，要是他太接近看著這個醜陋的頭或罪惡之「源」，而沒有利用他的盾被賦予作為鏡子或反射鏡的新能力來保護他，那麼甚至他也會變成石頭，也會結凍。所以，儘管我此時沒有做這樣的類比，我卻仍然在懷疑著。但甚至當我在懷疑時，我還是不斷專心注視我前面那道牆。

## 39.

有一條清楚畫出來的線，但在我還沒有真正從這種狀態恢復過來之前，或在我還沒有時間喘一口氣之前，又有另外兩個點出現，而我知道另一條線會以同樣的方式形成。確實如此，每條線都比之前的線稍微短一點，最後就出現這一連串長度遞減的線，形成一個梯子，或給人的印象是一個梯子立在洗臉架上方的牆上。它是一個光明的梯子，但甚至現在我也不可能花時間喘一口氣。我可能正在自然地呼吸，但卻感覺像在水下屏息，好像我正在水下尋覓一種無價

17 譯註：柏修斯是宙斯之子。智慧女神雅典娜、使神赫爾墨斯以盾牌、帶翅涼鞋、精金鐮刀、魔法皮帶、黑暗頭盔等寶物相贈，助其取得蛇髮女妖梅杜莎的頭顱。凡人一見蛇髮女妖都會變成石頭，雅典娜指示柏修斯利用盾牌中的反射接近並斫殺之。

的寶藏；如果我浮到表面，就會永遠失去寶藏所在地的線索。所以，雖然我直挺地坐著，但就某個意義而言是在潛水，頭部朝下潛入水裡，置身於另一種自然環境中。由於我此時似乎會很快獲得答案或發現寶藏，我感覺到一旦錯失這個機會，就會永遠毀了。我不能鬆手，我不能失去圖像所指之目標，如此將失去到目前為止我痛苦覺知著的有關整體的意義。我必須在這裡堅持，否則圖像會模糊，因此得不到結果。就某種意義而言，我似乎正在溺水，已經半溺至時間與空間的常規維度；我知道我必須完全溺水，俾能在萬物的另一邊出現（像愛麗絲和她的鏡子，或柏修斯和他的鏡子）。我必須完全溺水，從另一邊出來，不然就在第三次下去之後浮到表面，不會失去對此生的知覺，但會獲致一套新的價值，而我的寶藏會從深處被挖出來。我必須再生，不然就完全破滅。

## 40.

這些線似乎花了很長的時間才分別形成。也許它們是象徵性的時代或永世。無論如何，到目前為止，我都能夠專注，掌握圖像。這個梯子也許有七個梯級，也許是五個；我沒有數。總之，它們是象徵性的，梯子本身是一種很真實的象徵；你可以說它是雅各的梯子[18]；它是所有宗教的神話或傳說的共有象徵。

但所幸，最後的形體很快就形成；至少此時似乎較沒有等待的壓力和憂慮了。她就在那兒。我稱之為「她」；我稱呼她為「勝利女神」。她正面對著牆，或者好像靠著牆，從梯子的最後梯級往上移動。她快速地移動或漂動著。在我右邊，或者在她右邊臉盆架上方的梯子和鏡框之間的空間，出現一連串斷斷續續的曲線。其實它們在梯子上方，沒有接觸那個掠過它們的天使。我發現，就某種意義而言，鏡框的渦形裝飾讓我聯想起眼前這種裝飾性細節，就像

18 譯註：雅各又名「以色列」，是以色列十二支派的先祖。雅各的梯子（準確來說應是階梯），是聖經創世紀二十八章中的重要意象，當時雅各正被自己的兄弟以掃追殺，打算投靠舅舅拉班。逃亡路上，暮色將至，雅各以石為枕，露宿荒野。不久，雅各夢見一梯子直通天際，在天梯高處有眾天使上下往返。上帝出現天梯頂端，與雅各對話，向後者許諾豐饒的未來。

三腳架的情況一樣（我也是因為架子上的一件日常樸實的東西而聯想起三腳架，或三腳架讓我想起這件日常樸實的東西），這種裝飾性細節看來不可能不是渦形裝飾的複製，不可能不是它的影子，但渦形裝飾是以光線所繪製，縱使可能投下影子，無論如何也不會符合影子的方向。那個S形或半S形面對那個天使；也就是說，那一連串的S形圖樣在天使的方向張開；它們就像下面沒有點的問號。我不知道這種渦形裝飾表示什麼；我當時認為，它只是一種像波浪的裝飾性細節。但現在我認為，這種倒轉的S形圖樣可能代表一連串的問號，是好幾個時代的人所問、未來時代的人會繼續問的問題。

# 41.

我當時、當場所稱呼的「勝利女神」繼續在那裡。她是個普通平凡的天使，就像你可能在復活節或聖誕卡片上所看到的任何天使。她的背部朝向我，她只是呈現出輪廓，但輪廓很清楚，像前三個符徵或「紙牌」。但跟它們不一樣的是，她不是扁平或靜態的，她在空間之中，在沒有被圍起的空間之中，不是扁平地貼在牆上；只不過她是向上移動，像是貼在牆面上。她是一個移動的圖像，且所幸是迅速地移動著。實際上並不是很迅速，但確實漂浮著，至少讓我的內心可稍為平息，好像我的內心此時已經逃離那個梯子的橫木，不再爬著或被拘禁其中，而是自由又有翅膀。她持續在那裡。在她的頭上方、她左邊這個黑板（或亮光板）或屏板上那空無一物的空間中，出現一連串帳篷狀的三角形。我說帳篷狀的三角形，因為它們雖然是簡單的三角形，卻讓我聯想起帳篷。我感覺到「勝利女神」將移進帳篷，或穿過它們，而她確實這樣做了。到目前為止都很好。但這就足夠了。我的頭垂在雙手之中，因這種費勁的專注而疼痛，但我感覺已經看到了圖像。我想，這是「勝利女神」，而甚至當我想著時，我認為這個勝利不屬於現在，而是另一次勝利；就此而言，會有另一次戰爭。當那次戰爭結束時，一個梯級接一個梯級，或一年接一年，我個人（我感覺）會是自由的，我自己會在另一個長著翅膀的次元中繼續下去。我認為，那些篷帳並不是象徵過去的戰場，不是象徵最近的過去或遙遠過去的戰場，而是要在另一次未來的爭鬥中立起的篷帳或庇護處。此時，圖像似乎跟另一次戰爭有關，但即使如此，還是會有勝利。「勝利女神」似乎是線索，似乎是我自己的特別信號，或我的神祕符號的一部分。我們才在不久前在雅典造訪了那間聳立在衛城岩石上的小小雅典娜勝利神廟。當你從山門轉彎時，它就在你右邊。我必須緊抓住這個字眼。我想著，「勝利女神」。我想著，「赫利奧斯，太陽……」我在最後的圖像之前，在還沒有爆發之前（你可能會這樣說）停下來、「中斷了」。

雖然我承認我此時已受夠了，也許是有點受不了了，但一直在我身邊等著的布麗荷在我停下來的地方繼續「閱讀」。她後來告訴我，她並沒有在牆上看到任何東西，一直等到我把頭垂在我的雙手之中。她耐心地跟我一起待在那兒，並且懷疑著，無疑是相當焦慮，極為憂心我最後的狀態和心情。但是，當我因生理上和精神上竭盡全力而鬆懈、放棄時，她卻看到了我所沒有看到的東西。那是這一連串圖像的最後部分，或者是最後的終結性符徵——也許是那個真正的神祕符號中「決定性」的一幅，這幅圖像包含了整個系列圖像，或有助於清晰顯示或解釋那一系列圖像。總之，它顯然是一幅足夠清晰的圖像或符徵。她說，那是一個像太陽的圓圈，圓圈中有一個形體。她認為，有一個人正探出身體，把一個女人（我的「勝利女神」）的影像畫進他旁邊的太陽中。

# 42.

其間的幾年似乎是等待的時期，是一段閒著的時期。有一種漸增的停滯、怠倦感覺，這在很多我的同代人之中顯而易見。另一方面，那些意識到政治事件走向的人，對我而言全都太精明、太政治化、太具高度智力了。第一種人並不贊同我所感覺到和等待著的事情，儘管我很早就學會不說出自己的想法和恐懼；他們認為那是病態的，太自我中心，過於內省。為什麼要這樣呢——我的姊夫在黑森林度過愉快假日（還說了各種具體細節），食物是那麼棒，每個人都那麼好客，那麼迷人。另一方面，如果我向第二種人大膽說出一個卑微的意見，他們回應的不是具體細節，而是大量預先消化的理論。當我記起那些如洪水般的閃亮對話時，我的思維無所適從，讓我很痛苦——會發生什麼事，誰會掌權。然而，這第二種人雖然具有抽象的清晰眼光，但他們看來卻像第一種人那樣迷糊、怠倦。至少，他們的理論和他們累積的資料似乎沒有根基，如此生硬。但是我必須承認，這有一部分是歸因於我對那些傑出的統計學家和狹隘理論所感覺到的無望。**這是要把你帶向何處啊**，我想要對這兩群人大喊。一群人拒絕承認洪水即將來臨，另一群人則忙著計算釘子，用無止盡的數學公式精確衡量木板，但似乎一點也不知道如何把方舟建好。

## 43.

在維也納，陰影已在變長，或者潮水已在漲高。無論如何，即將發生的不祥事件以奇異的方式顯示其徵兆。例如，空中有時會降下大量賣弄風情、五彩碎紙似的東西，印著卐字的金紙以及印著圖文的片片狹窄紙條，像我們從聖誕節的夾心糖中抽出來的那種紙條，是一些花哨的禮品，美國的小孩稱之為「帽子」，英國小孩稱之為「花紙筒」。派對已經開始，或者，這是生日或婚禮的預備。有一天早晨，我在離開麗晶旅館時，彎身挖起一把這種五彩碎紙似的標誌。那些文字印在熟悉的長方形小薄紙上，就是在派對中拉開紙帽時會掉出來的那種薄紙；我們稱之為宣傳標語。這些標語簡短、耀眼、一針見血。我看到上面用清楚的入門德文寫著「希特勒會給麵包」、「希特勒會給工作」等等的。我不知道我應該在信中附上手裡這些東西，寄給我在倫敦某個屬於第一種人的朋友，還是寄給屬於第二種人的朋友。我想到一個惡作劇的景象：這種花俏的東西落在肯辛頓或騎士橋的一張地毯上，或落在切爾西或布魯姆斯伯里某間工作室空無一物的地板上[19]。那會是很不錯的玩笑。紙張輕脆，很乾淨，金

19 譯註：此處所提到的地名是倫敦的地區名稱。肯辛頓（Kensington）和騎士橋（Knightsbridge）都是倫敦西部的富裕地區，以高級商店和住宅著稱。切爾西（Chelsea）是一個時尚的地區，有許多藝術畫廊和精品店，也是許多創意和藝術專業人士的住所。布魯姆斯伯里（Bloomsbury）是一個以學院和文化機構聞名的地區，也是英國博物館所在地。

子像達納厄傳說中的金雨[20]，整個情景透露著生日蛋糕和蠟燭，或新買的聖誕樹裝飾的氣息。然而，這種金子不會在很長的時間裡保持明亮和輕脆，因為人們在自由廣場來來往往沿著鋪道走著，踐踏著這種達納厄金雨，不會注意到任何事情。難道我是維也納唯一彎身挖起一把這些東西的人嗎？似乎如此。旅館的一位侍者拿著一根長柄掃帚出現。我看到他開始有條不紊地把紙屑掃離鋪道，於是就把手上的那把東西丟入水溝了。

# 44.

還有其他的ㄢ字，是用粉筆寫的。我循著貝格街前進，追蹤著這些字，好像它們是特別為了我而用粉筆寫在鋪道上。這些字一直延續到教授的門前；也許繼續延伸到另一條街的另一道門，但我沒有看到更遠的地方。沒有人把這些ㄢ字擦掉。要從一條鋪道上擦掉骷髏頭似的粉筆跡是不容易的。這並不是件容易的事，而且會比把閃亮的紙掃進水溝更引人注目。而這是稍後發生的事。

# 45.

然後是步槍。它們很整齊地架在那兒，立在街角，呈現露宿的形態。那天想必是週末，我記不得。如果查我的筆記本，就可以確定它們出現的實際日期，但我們關心的是一般印象，而不是歷史或政治的關聯性。這些槍不是德國槍——但也許是；總之，士兵是奧地利士兵。槍架在那兒，讓街道呈現整齊、完備的效果，就像一幅一八六〇年的版畫。他們似乎是老式的，士兵似乎是老式的；我無疑想起了我們美國內戰的熟悉圖像。這是某種內戰。沒有人會給我解釋。當我提問時，連那位平常很多話的門房也顯得很尷尬。嗯，我不能讓他涉入任何討論或陳述危險的意見。無論如何，我走出去了。四周有一些人，士兵像是出自描述重構的內戰時期的一個圖像或一部電影。士兵似乎並不是太可

20 譯註：達納厄（Danaë）是斬殺蛇髮女妖的英雄柏修斯的母親。阿耳戈斯國王阿克瑞希斯從神諭得知自己將死於外孫之手，遂把女兒達納厄囚禁在與世隔絕的銅塔中，不想宙斯垂涎達納厄容姿，化作金雨滲入塔中與其交歡，達納厄遂懷孕誕下柏修斯。

怕。我想要去聽歌劇，那時是午後或黃昏前；如果有歌劇，我與其在房間悶悶不樂或在旅館四周閒蕩，心生懷疑地注視著情景，還不如去聽歌劇。我在其中一條大街上被盤問，於是以粗淺的德文簡單地說，我是維也納的訪客。旅館的人稱呼我是英國女人，所以我就說我來自英國，事實上也是。我在做什麼？我要去哪裡？我說我要去聽歌劇，但願我沒有打擾到或妨礙到他們。低語聲和腳步聲傳來，我很尷尬，因為我發現自己引起了官員們的注意，更差一點吸引了在歌劇廳階梯上一位儀隊成員的注意。階梯上有更多的槍支和士兵，士兵坐在階梯上，或站在鋪道上警戒著。看來任何力量都無法阻止歌劇演出。我看了部分的歌劇表演，我已不記得內容；然後，我順利地回到旅館。

## 46.

然後就是安靜。旅館大廳似乎空蕩蕩，氣氛很怪異。甚至大廳門房也不在櫃枱後面。也許那一天是接下來的星期一。無論如何，我預定要到貝格街去進行平常的療程。嬌小的女僕寶拉透過門縫窺視，猶疑著，然後偷偷摸摸把我引進去。她沒有戴著那頂漂亮的帽子，沒有穿著那件漂亮的圍裙。顯然，她沒有預期我會去。「但是……但是今天沒人來；沒有人會出門。」好吧，如果教授不想見我，也請她向教授說一下好嗎？她打開等候室的門。我一如平常在房間等著，房間有圓桌、零碎的舊報紙和雜誌。那裡還有一些平常的裝框照片；在這些照片中，哈維洛克・艾利斯（Havelock Ellis）醫生和漢斯・薩克斯（Hanns Sachs）醫生在牆上對我致意。還有一家小型的新英格蘭大學早期頒給教授的榮譽文憑。然後是一幅怪異的版畫或雕刻，描繪可怕的夢魘，是「活埋」或諸如此類的內容，以杜勒（Düreresque）風格的象徵細節呈現。窗子有長長的蕾絲窗簾，像一齣戲或一部電影中的一間「維也納的房間」。

不久之後，教授打開裡面的門。然後，我坐在躺椅上。教授說，「妳為何來呢？今天沒有人來。沒有人。外面的情況怎麼樣？妳為何出來呢？」

我說，「很安靜。街道似乎到處都沒有人。旅館似乎也很安靜。但除此之外，情況都跟平常一樣。」他說，「妳為何來呢？」他似乎感到困惑，他似乎不了解我為什麼會來。

## 47.

他期望我說什麼呢？我不認為我當時說出來了。我人在這裡，就是一種明確的表達了嗎？我來這兒是因為沒有其他人來。好像就象徵的意義而言，我又一次必須與別人不同。「飛行的荷蘭人」在哪裡呢？我沒有看過的那個美國女醫生呢？我認為，那個時候只有我們四個人，四個很特別的人。沒有錯，柏林罕夫人，即安娜．佛洛伊德小姐的忠心朋友，也是教授的弟子或學生，她在樓梯更高的地方有個房間。在我還沒有來這兒進行療程之前的某一天，我曾上去那裡喝茶。教授其實不孤獨。我曾被告知，公主的使者們也在不同住處的門階上等著；如果教授的個人安全有實際威脅，他們會告訴公主。但就某種意義而言，我是唯一從外面來的人；當嬌小的寶拉恐懼地透過前門的縫隙窺視時，她就證實了這一點。我又與別人不同了。我做了一個獨一無二的舉動，儘管我覺得我的到來是純然的禮貌；這是我們尋常的見面時間，是我們的療程，是我們在一起的時間。我不知道教授在想什麼。他不可能在想，「我是一個老人——妳不會認為愛我是值得的。」或者，如果他記得自己這樣說過，那麼，我的到來無疑就是對此的答覆。

# 48.

教授可能是在那天或另一天談到他的孫子們。無論如何，不管是什麼時候談到的，我都感覺到一種代溝忽然出現，感覺到意識之中出現一種隔離、一種空隙或分裂，而我努力不讓他知道。這件事是具有那麼濃厚的部族特性，那麼傳統的摩西色彩。他逐一提及孫子們和他們父母的名字，讓我感覺到往昔那種不耐煩，感覺到一種知性上的眼睛疲勞，感覺到往昔的那種厭倦，厭倦在學校或主日學那些字體細小的聖經裡尋找所提到的歷史、家系。那是「創世紀」，但並不是最開始。那不是關於鳥、爬蟲類、樹、太陽、月亮、偉大或微小的亮光等等那些令人興奮的詩。他為孫子們憂心（這很難怪），但我憂心別的事。我當時沒有體認到我焦慮的理由。我知道教授不久就要轉移到別處，但他所設想的永恆生命，似乎是在古老的猶太傳說中。他要在如海沙一樣繁衍的孩子們的孩子中永遠活下去，就像亞伯拉罕、以撒和雅各。我認為他的心智就是如此運作；在面對那象徵危險、象徵肉體毀滅的空白之牆時，他的心智如此運作。

至少我們之間存在著那個問題，「我的孫子們會變得怎麼樣呢？」他正在往前看，但他對「不朽」的牽掛是藉由孫子們來詮釋。他會活在他們之中。他當然會活在他的書之中。我可能曾模糊地喃喃，未來的各個世代會繼續感激他所寫的文字。我可能提到這點——我確實在什麼時候，在哪個場合提到這一點。但是，那些語詞雖是一種真誠的讚美，就某種意義而言卻是，或會成為膚淺表面的。總之那些語詞達不到預期的效果。非常明顯，他的成就會在他死後繼續存在。如要充分表達這一點，就會挖得太深，會涉及技術問題。同時，我對於他所代表的一切、他實際的本然而表達的讚美語詞，就會變得有點太正式、太一本正經，而且太精確、太傳統、太陳腐、太有禮。

我不想喃喃說出傳統的語詞，已有很多人這樣做了。如果我無法準確說出我想說的話，我寧願什麼都不說，就像在他七十七歲生日時，如果我無法找到我想送的禮物，我就寧願什麼都不送。我確實找到我想要送的禮物了，就是那串梔子花，有點遲，是一九三八年的秋天送給他的。那些話語，我當時無法說出的那些話語，也是後來在一九四四年秋天才說出的。花兒和話語有一個共同點：它們都是我想要的，是我為了教授而等著要發現的，等著要「迎接諸神的獎賞」。沒有錯，「諸神」（Gods），「別人的解讀是：諸善行（Goods）」。很多人已解讀為「諸善行」，並會繼續這樣解讀。但教授知道，他想必知道，這暗示著他自己也被包括在那些諸神之中了。他自己已經被認為是不朽了。

## 49.

我本來不確實知道他是**誰**，然而現在卻似乎很明顯了。很久以前，我在美國做了一個特別的夢，或只是靈光一閃。我並沒有這種天賦，只是在小時候，我就跟很多其他的小孩子一樣，會有一、兩次靈光一閃或超乎尋常的經驗。這一次想必是在我十八歲或十九歲時。那圖像或部分的圖像讓我印象深刻，以至我曾努力要去辨識它。那不是一次感覺特別強烈的經驗。那種靈視或圖像只是這樣：在睡覺之前或剛醒過來時，我的眼前出現一種很堅實的形狀，不是發亮的雲狀圖像或模糊的幻象，而是一塊聖壇形狀的石頭，由粗糙的石頭標記分成兩個部分。那標記不太像是一條雕刻的線，但很明確地把粗糙石頭的表面分成兩半。其中的一半或部分出現一條蛇，以粗糙的方式雕刻出來，蛇的身體一如慣常地盤繞起來，頭直立著。另一邊出現一片以粗糙的方式切開、以自然卻傳統的方式畫出來的薊。為什麼這樣？

幫我詮釋這個圖像的人是伊茲拉．龐德（Ezra Pound）[21]，在這麼久之後想到此事，我感到很奇怪。伊茲拉比我年長一些，我十五歲就認識他。我並沒有跟任何人談到此事，除了伊茲拉和一個女孩佛蘭西絲．約瑟發，後來我還跟這個女孩第一次到歐洲旅行。伊茲拉那時跟他父母同住在費城的一間房子裡度過夏季。就在那間房子裡的某個下午，伊茲拉說，「關於妳那隻出現在磚塊上的蛇，我有一個想法。」——他是這麼說的。我們走進書房或圖書室——那是一間接收自朋友的房子，有完整的家具布置。伊茲拉開始拿出各種參考書和索引。他最後似乎認為，這是一種時間的回溯，或預見一個未來事件。這個事件跟阿斯克勒庇俄斯有關，他是太陽神阿波羅的人形或半人形、半神形的孩子，被宇宙的雷霆之擊或閃電之矛所擊斃，但後來被安置在眾星之中。蛇自古以來確實都是符徵或圖騰，代表治癒，以及代表我們最後一次脫去累贅的肉體或皮膚後的最終治癒。我們知道，蛇是死亡的象徵，但也是復活的象徵。

找不到這方面的圖像。伊茲拉以飄逸的姿態說，「那片薊跟它很相配。」我不覺得他確實認為薊跟蛇有關聯，但無論如何，他是第一個告訴我有關阿斯克勒庇俄斯——「無瑕的醫生」——這個想法的人。我後來發現了這種圖像，

21 譯註：伊茲拉．龐德（Ezra Pound, 1885-1972）是美國著名詩人、文學家，意象主義（Imagism）詩的主要代表人物。

但只有一次，只在一個地方。當時我跟佛蘭西絲．約瑟發和她母親第一次到「國外」旅行。那是一九一一年的夏天。我們從紐約到哈維爾，然後沿著塞納河搭船到巴黎。「這就是了，」我在最先幾次造訪羅浮宮博物館的其中一次這樣說，「快看，」好像它可能跟原本的那塊「磚頭」一樣消失。那是一枚小小的印戒，放在一個裝有希臘－羅馬或希臘化時期印璽和印章的盒子之中。在玻璃下面有一片橢圓形的灰色小瑪瑙，跟其他印章戒指排在一起。那是一枚小小的戒指，根據我的判斷，鑲嵌很脆弱，但圖像很精確。就像原本的圖像一樣，右邊是身體盤繞、頭部直立的蛇；左邊是雕刻得很精緻的梗莖及多刺的雙葉和花頭，也就是那顆薊。我不曾在任何其他地方發現過這種圖樣。蛇和紋章上的薊倒是很多，但我不曾發現兩者結合在一起——儘管我經常找時間翻閱參考書，或瀏覽古典硬幣圖樣或護符，「說不定有機會」。我不曾在任何有插圖的希臘或托勒密王朝的圖樣書中發現我心目中的蛇和薊，也沒有在真實的希臘陶瓶或伊特拉斯坎花瓶的任何隱密角落中發現，但在整個歐洲旅遊而停留巴黎的幾年中，我都在回憶，想要確定我無論如何沒有「夢到」那枚印戒。它就在那兒，一直在同樣的地方，在玻璃下面，在框架之中，加上一小片褪色的紙，上面有一個字母或一組字母，附有一個數字。有一度我甚至刻意買了與這區域的展覽品有關的特別目錄，希望發現某個細節，但目錄僅僅簡短提及「我的」戒指。我看到的文字是「有著希臘－羅馬或希臘化時期圖樣。凹刻或印章」，加上一個合適的大約日期。如此而已。

## 50.

印章（Signet）——源自符號（sign），是一種記號、表徵、證明；印章——祕密的圖章，一種封印；印戒——一種有印章或私密圖章的戒指；簽名——王室的簽名，通常只見君王的姓名首字母。（我一直使用我的姓名首字母H．D．作為我的書寫印章或簽名，只不過，此刻我在我的《錢伯斯英文字典》查「印章」一字，才知道我的書寫簽名微微暗示君權或王室儀態。）再說符號（sign）——是一種字語、姿態、象徵或記號，意在表達別的東西。再說符號（sign）——（醫學上）是一種症候，（天文學上）是黃道十二宮之一。再說符號（sign）——是簽名的動作，是路標，一種方向指標；全都源於法文 *signe* 以及拉丁文 *signum*。我在寫及最後一個字時，心中閃過有關聯的 *in hoe signum*（憑此符號），或想必是 *in hoc signo*（憑此符號）以及 *vinces*（必得勝）。

# 51.

在教授的一個箱子角落中，有一些古老的戒指，我想到了我在巴黎羅浮宮看到的印戒，但是，我在當時或後來都沒有跟教授提起。雖然我當時對那些戒指感到好奇，但並沒有暗示要他打開箱子讓我看。他曾拿起他桌子上的一個雕像，握在手中，看著我。我猜測，那東西是他認為我會非常感興趣的一個雕像。中間有一個象牙的印度人形像；東西都以對稱的方式排列著。我不知道那個坐著的毗濕奴（我認為是）形像被擺在中間，是因為排位的優先，還是喜好的優先，還是因為形狀的緣故。雖然我體會到象牙的美麗特質和圖樣，但我卻以很抽象的方式看待它；主題本身並不特別吸引我。眾多蛇頭像花瓣一樣揚起，在那坐著的形像頭部上方形成圓頂或篷帳；那形像可能是坐在一朵花或一片葉子上；整體的效果是半朵花的縱切，人形在中間占據了一叢雄蕊或橢圓形種子莢的位置，或者說產生這種效果。只有當你靠近時，才會看到小小的形像和蛇頭圓頂形成的對稱背景。是的，這些蛇頭都各自暗示一個半S形，可能讓我回想起一九二〇年的那個春天，出現在希臘科夫島那間臥室的牆上那連串圖像中的渦形反轉S形，或不完整的問號。但是，我在當時或之後都沒有向教授提出這種對比。其實，我面對這件印度象牙雕刻所透露的極端之美，感到有點不自在；這件雕刻吸引我，同時又讓我感到排斥。

我並不知道，教授跟我一起走進這另一個房間，是為了消遣，還是現實社交場合的做法，或者是他計劃的一部分？他是想發現我對於這些小雕像所蘊含的某些觀念會有什麼反應？或者，他想發現我對於其中很多雕像歷經好幾個時代或無數的時間之流，卻仍然暗含著的有力觀念，會有多麼深刻的感覺？或者，他只是意在暗示想要跟我一起分享他的寶物——在我們面前那些觸碰得到的東西，然而暗示他自己內心那些觸碰不到卻迷人無數倍的寶物？無論他是什麼想法，我當時就像其他時候一樣，想要對他表示讓步；我想以盡可能不冒犯的方式回報他如此巧妙對我表示的好意。如果那是一場遊戲，是一種迂迴的方式，要發現哪些我的無意識守護者或檢查者也許不想讓他知道的什麼事，嗯，那麼，我就要盡我的力量玩這場遊戲——玩這種猜測的遊戲，或無論叫做什麼的遊戲。由於那件象牙雕刻吸引我的注意，而且也許（我不知道）他特別珍視它，因為它就位於他那張堂皇的桌子（此時我想起來了，桌子擺在那兒，幾乎像一座高高的聖壇，位於最神聖的地方）的中間位置，所以，儘管我意識到自己微微嫌惡這件精緻的藝術品，我還是說，「那件象牙——它是什麼啊？那顯然和印度有關。好美。」

他幾乎沒有去看這件可愛的東西，就說，「是我的一群印度學生送給我的。」他又說，「整體而言，我認為我的印度學生對於我的教學一點也不滿意。」印度的事情就談了這些，印度學生的事情也是。這種東方式的激情卻又冷淡的抽象東西，並不是他的最愛。他已選了別件東西。那是一件小東西，從取走之後所留下的空間可以看出來，是位於我看到的半圓形的末端，而半圓形是由他桌子上的諸神（或「諸善行」）的對稱安排所形成。「這個是我的最愛，」他說。他對著我遞過來，我拿在手中。那是一個小銅雕，戴著頭盔，雕刻的衣服垂到腳的部位，上面是雕刻的長袍或外袍。銅雕的一隻手伸出來，好像握住一根拐杖或棍棒。「她很完美，」他說，「只是她已失去了矛。」我沒有說出一句話。他知道我喜愛希臘。他知道我喜愛古希臘文化。我站在那兒看著這個雅典娜，她那有翅膀的形像是「勝利女神」，或者她站著時沒有翅膀，在古代是沒有翅膀的「勝利女神」，供奉在那間小神廟中；爬上雅典衛城上的山門階梯，這間神廟就位於你的右邊。他告訴我說，他也曾有一次爬上那些階梯，非常簡略地縱覽那種屬於希臘的榮光。她被稱為「沒有翅膀的勝利女神」，因為「勝利女神」永遠不可能、永遠不會飛離雅典。

# 52.

她已失去了矛。他可能一直在講希臘語。他講話的音調很美，好像將一個英文詞語或句子從原本的文本中擷出（你可以說，是從整個語言的脈絡中擷出），所以雖然他說著英文，沒有明顯的腔調，然而他是在講某種外國語。他的音調微妙地滲進言語的質地中那種悅耳特性，使得字語像活在另一個次元中，或者沾染了另一種色彩，好像他把那些以傳統的方式編織成的思想，以及以傳統的方式說出來的思想所形成的灰色網，浸在他自己的調色染缸中。或者，從語言本身的單調、褪色和陳腐的質地中剝下一片思想，放進他自己內心的沸騰大鍋，取出來時染成了藍色或深紅色，不再是原來灰色網的顏色。那片思想，甚至那片被丟棄的破布，從此以後會成為一面三角旗，一個象徵，再度成為一種符號，用以指示一個方向，或在旗杆上高高飄揚著，引領著一支軍隊。

另一方面，當他說她很完美時，他的意思不只是說，那個小銅像是一種完美的象徵，根據人的形象（事實上是根據女人的形象）塑造而成，要我們尊敬它，視為抽象思想雅典娜的一種投射，而雅典娜出生時並沒有人之母，甚至沒有神之母，是全副武裝從她父親的頭——我們的父親宙斯、修斯或上帝的頭——蹦出來的。他的意思也是說，妳手中拿著的這件小小的金屬東西（看看它吧）確實是無價的，它是**完美**的，是一件值得爭取的東西，是希臘藝術最佳時期的一件貴重發現，而這個最佳時期是希臘藝術以最具體的方式表達出來的古典時期，後來這個時期因為出現外在的裝飾品和華麗的裝飾細節而變得頭重腳輕。這是有關希臘藝術的一個完美樣本，產生於古典的抽象變得很人性化，但還未過分人性化的時刻。

「她很完美，」他說，而他的意思是，這個雕像屬於為人所接受的古典時期，即培里克里斯時期或正好培里克里斯之前的時期。他意思是說，雕像沒有刮痕或缺陷，表面沒有凹陷，金屬沒有污跡，外袍的皺摺沒有磨損或腐蝕。他是以熱心的藝術愛好者和藝術收藏者的身分說話。沒錯，他以雙重的意義說話，但他談的是價值，談的是這件東西的實際內在價值。他像一個猶太人那樣估計它的價值。亞伯拉罕、以撒和雅各的血液在他的血管中流動。他知道自己在物質上的磅重，知道他肉體的磅重，但這種肉體的磅重是我們之間的一種**精神的磅重**，是觸摸得到的，是可以稱重和衡量的；可以在天平中稱重，並且——但願——是不會有所不足的！

## 53.

他已經說過，他敢這麼說，夢在可翻譯的語詞中有其價值；不僅是法老或法老的僕人的夢，不僅是以色列最喜愛的孩子的夢，不僅是約瑟或雅各有關象徵意義梯子的夢，不僅是義大利庫瑪地方的女預言家或古希臘德爾菲女祭司的夢，而是包括每個人、每個地方的夢。他敢這麼說，夢是來自人的意識未經探測的深處，而這種未經探測的深處，就像一條大河或一片海洋在地下流動，而海洋的浩瀚深處，就像約瑟的時代在人們小小意識中滿溢的浩瀚深處；那裡產生了靈感、瘋狂狀態、創意概念，或那些涉及精神的不安和疾病的最陰沉症候的殘渣。他敢這麼說，夢是同樣的宇宙意識的海洋，就算他未使用太多語言文字來陳述，他也敢暗示說，這種意識宣稱所有的人是一體的，所有的國家和種族在夢的宇宙世界中相遇。而且他還敢說，夢的象徵是可以詮釋的，其語言，其意象是所有種族共有的，不只是活著的種族，也包括那些死了一萬年的種族。夢的圖像書寫、神祕符號，是整個種族的共同特性。在夢中，人就像在時間之始一樣，說著一種通用的語言，而人在對於無意識或潛意識的普遍了解中，會摒棄時間和空間的藩籬；人，並且是有理解能力的人，會拯救人類。

## 54.

他有猶太人的本能。對於一般事物中的特殊事物、對於非個人或宇宙事物中的個人事物、對於抽象事物中的具體事物，他都具有猶太人的本能。他敢於投進未經探測的深處，最先是他自己的無意識或潛意識實存的深處。他從這種深處之中挖掘他自己的夢，作為他理論的樣本；他暴露這些夢，視之為很嚴肅的發現、事實，有其因與果，有其開始與結束，時常從甚至最微不足道的夢之關聯中指出那種投射出它的強大戲劇性影響。他選取做夢那晚的前一天——即他所謂的夢日——所發生的事件。他從日常生活事務的混合狀態和接觸中解開特殊的線索，因為這種線索就在內心，在被埋葬的內心，在睡眠、無意識或潛意識的心智本質中繼續編織著。人們熱切地把這種線索辨識為模式的一部分，辨識為清醒時的生活中一種普通或複雜或私密的材料的一部分，這種線索在被辨識的那一刻，當它顯示其發光或其單調的夢本質時，可能會消失。睡眠的心智並不是在睡眠，並非完全等同在睡眠。部分無意識的心靈會在一個最意外的時刻變得有意識。這部分做夢的心智對觀看者設下陷阱、要弄詭計，或關閉夢之關聯性的情景，或解開夢中的織物。他把這個部分稱為「檢查者」，它是冥界大門的守衛者，就像地獄的守門狗。

# 55.

「天堂」與「地獄」是夢的材料。他對他自己，以及最初那些非常好奇、微感震驚的讀者毫無保留。他對他自己或以後越來越多的大眾也沒有保留，但他對其他有所保留。他會突然停止最有趣的夢敘述，說道，**非他自己**的個人事情已經入侵。**了解你自己吧**，具反諷意味的德爾菲神諭這樣說，而說出這句話的哲人或祭司知道，就字語的充分意義而言，「了解你自己」就是了解每個人。**了解你自己吧**，教授說。他經常全心投入工作，累積了大量私密的新發現，包含在他令人印象深刻的著作之中。但**了解你自己**、說出所了解的事物，卻不僅引來世界各地的崇高醫生、心理學家、科學家和其他有名知識分子的辱罵風暴，還使得他的名字幾乎成為淺陋的嘲諷、不體面的玩笑，和眾人戲弄的對象。

## 56.

也許他對玩笑一笑置之，我不知道。他那美麗的嘴似乎經常在微微笑著，只是他的眼睛在圓頂似的前額（出現大師所雕琢的溝紋）下面深陷著，微微顯得不對稱，並沒有透露啟示意味。他的眼睛沒有對我說話。我甚至無法說，他的眼神顯得憂傷。如果在某個痛苦的時刻——就像那一天維也納各家的門都關著，街上空蕩蕩，而我卻去找他——有一陣停頓出現，那是我們之間有時會出現的那種情況，當他感覺到我心中有一種幾乎無法忍受的焦慮和緊張，就會打破這種難堪的氣氛，表現出屬於古老世界某種仁慈的禮貌，問一個問題：我正在看什麼書？我在圖書館找到他的小姨子所推薦的那些書嗎？如果我任何時間想要他的任何一本書，當然都沒問題。我有再聽到布麗荷以及我女兒的消息嗎？我最近有聽到美國來的消息嗎？

我會在手中拿著沙漏，把它反過來，讓他的生命的沙往後流，就像他的生命擁有與現在倒流相同的年數可以向前流逝。或者，我會偷偷穿過一扇祕密的門——但願我會有權利這樣做——去懇求一個仁慈的「神」。（但願我能夠這樣做，因為我的稟賦一定不在此。）我會為了他的歲月改變我的歲月。不會是如我所祈望那樣大的數目，然而卻會是很重要的數目。也許我的沙漏還剩下二十年，甚至三十年。「看啊，」我會對這個仁慈的「神」說，「你架子上的那兩個人，請稍微改變一下沙漏，用H．D．的來取代西格蒙特．佛洛伊德的（我還會有幾年的時間來處理我那些不是很重要的事情）。這對你來說不是太大的要求，是做得到的。曾經有人在一部戲劇中這麼做了，或者提議要做。是一部希臘戲劇，不是嗎？一個女人——我不記得她的名字——提議要用她的歲月去向某一個人交換些什麼東西。是什麼東西呢？是海克力斯或赫丘利，以及與「死神」的搏鬥。戲劇的名字叫《阿爾克提斯》（*Alcestis*）[22]嗎？我不知道。當然，想必是那三個人中的一個所寫——他們的人像放在教

22 譯註：阿爾克提斯也是希臘神話中國王阿德默特斯的妻子，同意代夫而死，後由海克力斯救出地獄。

授的箱子頂端，位於那個通到他內側書室的開闊雙門的右邊。伊斯奇勒斯（Aeschylus）？索福克里斯（Sophocles）？歐里庇德斯（Euripides）？誰寫了《阿爾克提斯》？但誰寫的並不真的很重要，因為這齣戲現在正在上演中——無論如何，我們正在演出這齣戲，老教授和我。老教授扮演兩個角色。他是與「死神」搏鬥的海克力斯，他是那個被愛的人，快死了。尤有進者，在自己的角色中，他已讓死者復活，已從有生命的墳墓中召喚很多已死去和垂死中的孩子。

# 57.

有一天，我對他說，時間過得太快（他是否有感覺到？）他聽了做出一個有點滑稽的姿態，一隻手臂往前伸，好像以反諷的模樣對看不見的形體或想像的觀眾說話。「時間，」他說。他以那種無法模仿、透露雙重意義的模樣說出這個字語。他似乎蔑視這個創造物、這個抽象的東西。他似乎把很多矛盾的情緒塞進那一個字語之中，其中有反諷、懇求、蔑視，加上一種模糊、溫柔的悲情。好像是這個字語負擔過重，是一種可能在任何一分鐘爆炸的東西。（就某種意義而言，他的很多字語都爆炸了，炸毀了監獄、無用的堤防和水壩，造成山崩，確實如此，但卻炸開了隱藏的寶礦。）「時間，」他再說一次，顯得更加安靜，然後說，「**時間狂奔**。」

「時間對誰而言是狂奔呢？」我懷疑他是否知道自己在引用莎士比亞？只不過如此完全引用羅莎琳（Rosalind）有關「時間」的精緻妙語似乎並不適當。「他對誰而言是狂奔呢？」歐蘭多（Orlando）問。羅莎琳回答，「對於一個上絞架的賊子；因為雖然他盡力放慢腳步，他還是覺得到得太快了。」一個賊子，是啊；在偉大的戲劇傳統中，他已從天堂偷了火，像普羅米修斯。

# 58.

停下來，賊子！但他一旦開始挖掘埋藏的寶物（他稱之為「採到油礦」），就沒有什麼力量可以讓他停下來。但不管怎麼說，那東西不是他自己的嗎？不是他發現了它嗎？但，**停下來，賊子**，他們叫著，或者做出更糟的事。他正在若無其事地打開地下室和洞窟的鎖，拆下好幾代的人小心翼翼為了隱藏的動機、祕密的抱負、壓抑的欲望所設下的藩籬。**停下來，賊子**！無論如何，就承認他視為寶物而給予的東西、他似乎很看重的這種啟示，是差勁的東西，確實是垃圾，是撿破爛的人會輕蔑而忽略的觀念，是儲藏在閣樓的舊廢物，被扔掉、被遺忘，甚至不值得費力把它們劈成木柴，並且又笨重而難以移動。而且，如果你開始移動一個笨重的觀念，你可能會把整車的廢物都移走。它存在於那裡已很長的時間了，幾乎是生命之屋的牆和閣樓天花板的一部分。**停下來，賊子**！但，既然如此，為何要他停下來？他所謂的發現顯然是很荒謬的。時間對誰而言是狂奔……對於一個上絞架的賊子。如果你給一個人足夠的繩子——我們已經在什麼地方聽過——他就會吊死自己！

# 59.

他對這次的情緒爆發感到有點驚奇。他沒有想到，那些超然又高尚的執業者和科學家會對那份文件那麼生氣。那份文件畢竟是很詳細的資料，是對應用在醫學上的一種抽象思想有幫助的文獻。他曾跟有名的夏科（Charcot）醫生在巴黎一起工作。在佛洛伊德教授本人所寫的短篇著作《自傳》（*Autobiographical Study*）所提供的歷史性敘述中，還有其他的名字。我們看到為佛洛伊德提供想法的醫生、著名的專科醫生的名字；我們看到，佛洛伊德自己很公正地與布魯爾（Breuer）（或者不管是誰）分享榮耀。我們看到佛洛伊德把科勒（Holler）發現古柯鹼麻醉一事歸功於自己。但我曾問精神分析師華爾特・希米德堡關於教授何時以及如何發現那個想法，使得他把自大狂和誇張狂的神經症在某些情況中與青春和孩童時代的幻想聯結在一起，他卻以很正確又傳統的方式回答我。他說，佛洛伊德沒有發現那個想法。我懷疑嗎？我說我懷疑。但希米德堡先生重複我當然已知道的事情，即整個已確立的架構，是奠基在科學觀察所累積的準確資料上。這並不是我要問的事情。我是想知道，那道靈感的閃光是在什麼確切的時刻、以什麼方式出現，在佛洛伊德的內在心智或靈魂之中發出卡啦一聲，發出某種聲音，發出叫聲，這才是真諦。

但事情不會這樣發生。或者，會嗎？至少我們可以自由地懷疑。我們自己可以自由地想像、重建，甚至就像在一部戲劇或電影中那樣，看到那些角色置身在其清晰的背景，即一八八五年時期的巴黎。夏科醫生所關心的是界線這一邊的歇斯底里和神經症患者。那條界線確實是必要的，但卻顯得很模糊。界線的這一邊有歇斯底里症患者、神經症患者，在另一邊有真正的精神失常者，但儘管如此，兩者之間卻存在著一道很大的鴻溝，是一片未經探測的荒原，一片無人之地。至少有一片無人之地。至少有些病患，在不久以前會被視為神經失常而被隔絕，現在則列為標準較寬的病患，屬於歇斯底里的範圍。醫學知識的世界已經有了長足的進步。較老一代的人仍然記得那個時代在這個城市中親眼目睹的一些故事：瘋人院中的人像野獸一樣以鍊子綁在牆上、鐵欄或木樁上；而且，眾人可以在假日到城市觀光時，於規定的時間去觀看這些野獸。那樣的時代已過去，雖然過去沒有多久，然而就是過去了，這要歸功於前一代的科學家和醫生為人道主義所做的努力。他們確實已經進步了。事實上，我們的教授可能造訪了那個時代和地方一些較「現代」的機構。巴黎呢？他是巴黎的陌生人。他絕沒有忘記一八七〇年。他曾在學生時代看過那群動物的利牙。他寫及在維也納上大學的早期歲月。「尤其是，我發現人們希望我感覺自己很卑微，是外來者，因為我是猶太人。」他又說，「我絕對拒絕感覺自己很卑微。」但在巴黎這裡，確實有其他的人、卑微的人、外來的人，他們跟他們的同胞分開住，沒有被鍊起來，不過我們可以論定，他們仍然（在較人性的環境中）被隔離在小房間或小室中，窗子或門的前面釘著橫木條。確實是一種改善。他們也「絕對拒絕」感覺自己很卑低。剛好相反。他們是特別的病患，但有很多是自由的，在硝石庫慈善醫院（Salpêtrière）接受觀察。然而，在接受夏科觀察的歇斯底里病患之中，以及年輕的佛洛伊德私下所研究的神經失常者之中，出現了一些意外事件，為不同的醫生和觀察者所忽略或輕視，但這些事情卻值得嚴肅看待。他注意到，某些病人的那些顯然無關聯的行為之中某種無連結的排序，卻暗示一種條理，合乎一種型態，像一個僅部分記得的夢境中那些事件的不完整順序。夢？那麼，夢是由日常生活的事件所投射或暗示嗎？夢是瘋狂狀態的反面嗎？還是，瘋狂狀態就是醒著的夢？有時會存在著一種奇特的悲劇因素，並非總是完全屬於生理或卑鄙的物質層面。那當然是「地獄」。但這些在「地獄」中的人有時與他所記得的東西之間有著奇異的相似之處，包括他所讀到的東西、古老國家中的古老國王、被戰爭摧毀的女人，以及受奴役而扭曲的孩童。

一些小室前面有橫木條（出現在這種純然從我們直覺的想像中所建構出來的情景中），然而這些籠子似的小室有時會呈現出好像是一齣戲劇中的情景。凱撒在那兒大搖大擺地走著。那兒有漢尼拔——漢尼拔？為什麼是漢尼拔？小孩時代，他自己很崇拜漢尼拔，想像自己是世界的征服者。但是每個男孩都會有這種時候，想像自己佩戴著劍、穿著甲冑，大搖大擺地走著。每個男孩？這個人，這個凱撒，把他的寬外袍甩到手臂上方，做出一種並非完全不真實的手勢，可能只是要實現一種童稚的幻想。如果他能夠在適當的環境中檢視這個病人——但這個病人叫著說，「還有你嗎，布魯圖？」（*et tu Brute*）[23]並且只要意識到接近或友善接觸的暗示，他就會變得很暴烈。如果他能夠在幾年前與這個凱撒面談——他在某個時候曾是很著名的人物——就可能從他身上探出他的那種凱撒狂的祕密。心智現今蒙上了陰影，但並沒有報告提及這個病患的實際身體衰敗狀態或那些必然會導致發瘋的一般生理症候。凱撒？漢尼拔？這兩個是人們認得出來的突出歷史人物。但難道就是這些實存，引起了這種——**固著**（**fixation**）一詞在這個情境中還未被創造出來。這個人正在扮演一個角色，凱撒。凱撒？他自己在小孩時代扮演著一個類似的角色，漢尼拔。但，那是漢尼拔嗎？是凱撒嗎？是……？嗯，是的——可能——多麼奇怪。是的——可能！這個人現在可能在扮演他的父親——難道父親不就是凱撒、征服者、權力的象徵、沙皇、神聖羅馬皇帝、孩子的王國中的國王——那固然很小，但對於小孩而言卻具有像世界那麼無限廣大的重要性，對他而言是世界、是他

23 譯註：凱撒被謀殺時所說的一句話，當時他看到助手、摯友和養子布魯圖也參與其中。

的家。整個世界對一個小孩而言是他的家、他的父親、母親、兄弟、姊妹等等——是他以後的學校，以及來自其他「王國」的朋友。嗯，是的，一切是多麼清楚，現在這個凱撒？怎麼會變成這樣？想必有什麼事情隱藏在這種衰頹狀態中，在這個病人的生理甚至精神症候的報告中有些什麼東西沒有被注意到。想必有什麼其他事情隱藏在這裡以及硝石庫慈善醫院的很多病患之中——不是他們之中的所有人，而是其中一些人……想必有什麼事情隱藏在今日醫學的整個形成過程中，想必有什麼更進一步或更深一層的事情，想必有什麼事情會揭露榮耀人物這種狀態的祕密，以及其他狀態和情況的祕密——想必有些什麼事情……啊，漢尼拔！橫木條後面有凱撒——漢尼拔在這兒，我，西格蒙特．佛洛伊德，在這兒，注意看著橫木條後面的凱撒。但凱撒是征服者——他是嗎？——我來，我見，我征服——是的，我將征服。我會的。我，漢尼拔——不是凱撒。我，被人輕視的迦太基人；我，羅馬的敵人。我，漢尼拔。所以你看，我，西格蒙特．佛洛伊德，我自己站在這兒，請承認我是夏科醫生最喜歡且有才賦的學生，在各方面都沒有發瘋或本質上的異常，忠於我自己的知識範圍——**忠於我自己的知識範圍**？忠於我自己的知識範圍，忠於我童年時對漢尼拔的幻想，忠於我對迦太基人（猶太人，不是羅馬人）漢尼拔的認同——我，西格蒙特・佛洛伊德，了解這位凱撒。我，漢尼拔！

凱撒的妻子也是（如果我們可以持續進行這種純想像的因果關係的建構），凱撒的妻子是需要考慮的。這個特殊的女人甚至不是這個特殊機構的門診病人，但不久就可能是了。別人離開後，她還在等候室徘徊。她總是要求與醫生和主管本人面談，妨礙到了每個人。這正在成為這個機構的特色，主管已特別命令別人不要打擾他，他不得不拒絕她所要求的最後一次私人面談。那位有名的專科醫生工作過度，這兒每個地方都有太多的工作要做，無論如何必須避免個人的糾纏。**個人的糾纏**？但這個好女人會第一個公然譴責任何針對她的些微企圖。然而，這難道不是她的困擾嗎？她忠於丈夫，兩人的分離狀態對她造成了影響，她自己似乎瀕臨崩潰邊緣。在這種悲劇性的情況之下，這是很自然的事情，不是嗎？但這種受到壓抑的神經症症候——**症候**？這種兩個結婚很久又很忠心的人之間的分離狀態，可能會造成嚴重的影響，確實會使得整個神經系統失調，使得微妙調適好的心智本身的機制失去平衡。她的憂慮折磨著她，可憐的女人，這也難怪。應該要有人照顧她的。但她甚至不是門診病人，他們不應涉入病人的妻子和家人的私事。**私事**？凱撒的妻子？是的，她是凱撒的妻子，顯然無疑的，是一個傳統女人，然而也是一個世俗女人。這種事以前發生過。他的思緒正在引導他到何處呢？這兒還有其他病患——那個女孩很高興，因為她聽到消息說，她離家很久的丈夫可能會從阿爾及爾回來，所以她的情況有所改進，夏科醫生考慮這個情況而建議她離開醫院一段時間。據說，她回到丈夫身邊後，情況改善了；但是，**如果她的丈夫再離開，她的症候會回歸嗎？**

## 60.

這顯然不是有關那些初步步驟的歷史性陳述。那些初步步驟最後建立了一個心理研究的新分支，以及一種稱之為精神分析的新治療型態。任何認真研究佛洛伊德成就的人，都會知道實際的事實。但我認為，這個主旋律之所以展開，可能是經由這樣一種內在推論的過程。**主旋律**？我寫出這個詞，然後懷疑我為何寫出這個詞。我認為，這個詞讓人想到音樂——是的，音樂的用語確實與教授直覺推論的奇異和原始過程有所關聯，而這種推論導致、演繹、擴大、簡化了這位年輕維也納醫生最初的驚人發現——他的前輩和比他優秀的人做出的診斷並非總是令他滿意。年輕的西格蒙特．佛洛伊德不僅機敏、有條不紊、正直、敏感、聰明、有獨創性——其實這一切他全都具備。他不僅是來自一個很尊敬學問的種族，並且（像阿拉伯人一樣）儘管不斷受到迫害，還是對醫學以及數學某些形式的抽象哲學與詩，保有一種獨特的**感覺**，而當時（就像現在）的人文學科和應用藝術學科，似乎被籠罩在黑色的翅膀之下，人的毀滅力量和種族分離的威脅越來越大。他特立獨行，我們可能想像，他表現出特異的自傲，只不過他性情和藹、儀態有禮、智慧精巧。他容易與人相處，能夠在任何時間與任何人愉快地討論任何話題。但是，關於他自己呢？他的外表、他的習慣、他的生活方式，是足夠傳統的，甚至他最惡劣的敵人對於他的私生活也找不到可以批評之處。你可以說，他是絕對正確的，幾乎是正統的。

重點是，儘管他具驚人的獨創性，但他還是從人類意識中很深的來源汲取養分。來源很深，外在的岩石或頁岩，即累積了幾百年或幾千年的漫然、鬆弛或甚至錯誤或邪惡的思想，幾乎封住了原始的泉源或源頭。他稱之為「開採到油礦」，但很久以前已有其他人探究過同樣的泉源。他們在往昔稱它為「一井活水」，或稱它為「靜水」。教授使用石油的用語談到這種靈感泉源，專注於抽象，使之變得具體，成為一種現代的商業象徵。雖然他談及的顯然是一種模糊、浩瀚的抽象，卻使用一種普通且幾乎通俗的象徵來指稱它。他使用會計室、華爾街的俚語，使用商人的具體、明確意象，來指稱成功的連串幸運或成功的希望，就像「如果我們開採到油礦」，或「某某老兄又開採到油礦」的樣子。「我開採到油礦，但蘊含量足夠使用五十年、一百年或更久。」我們很難想像教授嚴肅地說，「我藉由世襲的權利，從以色列和大衛王的偉大靈感泉源——有人可能稱呼我為耶利米。我無意中發現一井活水、生命之河。它污濁或明亮地流動著。它被倒下、有的已石化的圓木，以及累積的腐敗樹葉所阻礙。我看到河流的方向，看到河流如何流動，而我親自清除一些垃圾，這樣至少有一小部分的河流會清澈地流著。還有很多事要做——在未來的一百年或更久——這樣所有的人、所有的國家就可能結合在一起，最終會了解……」不，這不是教授說話的方式。「我開採到油礦」暗示商業野心。我們會想像十分明顯的鐵柱子以及骨架似的鋼籠，像未完成的艾菲爾鐵塔。我可以了解到，有很多人以這樣的語詞去思考整個心理分析的方法或體系，一個籠子，某種機械的結構立在一座不毛的沙漠中，誘惑著粗心大意的人。如果有所謂的「石油」，它會跑到別人那兒。有些機敏的醫生會索取過高的費用，以長久和昂貴的治療來「榨乾你」。充其量那是一個令人厭倦的話題——不要與它扯上關係——它是陳腐、落伍的事。沒錯，它在一戰之後的年輕知識分子之中是足夠時髦的事，但他們變成了一群枯燥無味的人，畢竟以後有誰聽過他們之中的任何人呢？

## 61.

確實令人厭倦！伊斯奇勒斯也令大部分的人厭倦，索福克里斯也是，還有柏拉圖和老蘇格拉底及其無味的文章和更無味的舉止。蘇格拉底的方法？那是在刺戳一種不變的知性對象，幾乎就像一個擊劍者拿著針刺，不是嗎？——或者，像用劍刺著問題，最終使得問題必須解決，如此爭論就可以變得公開，變得光明正大，除非對手在知性之鋼的初步撞擊中被刺死。在教授那種分析性的處理問題方法中，有點這種成分，但其實有顯著的不同。主角必須提出問題，他必須從埋葬問題的隱藏處把它挖掘出來，他自己必須先發現問題，然後問題才可能得到回答。

## 62.

他自己必須清除自己的垃圾，這樣他那條特別的溪流、他的個人生命，才能排除障礙，流入人類的大河，因此流到象徵超人的完美大海，即蘇格拉底或柏拉圖所謂的「絕對」。

# 63.

但我們今日置身在一個破滅的城市中，可能是置身在一個破滅的世界中，幾乎是無法救贖的。我們必須放棄從現實逃進柏拉圖的「學園」的綠色草地或涼爽角落，儘管那些草地和那些花園，比很多破滅城市和破滅世界的威脅維持得更久。我們並沒有準備好要討論「絕對」、「絕對的美」、「絕對的真」、「絕對的善」。我們已經在草地中休憩，我們已經在那些靜水旁遊蕩，我們已嗅到遠處樹籬外的新娘花灌木叢以及開花的香櫞樹叢的芬芳。**你可知曉那個地方？**哦，是的，教授，我熟知那個地方。但我正在回憶你給我的指令，我正在想著我的那個同學，你說我已取代了他，他是我的武裝兄弟「飛行的荷蘭人」，他的智力天賦超越一般人，擁有東方的島嶼和農場，接受西方身心紀律的訓練，然而卻飛得太高，飛得太快。

## 64.

教授正在很嚴肅地跟我說話。那是我第一次在維也納開始我的工作幾週之後，就在他的書房之中。「我只要求妳一件事，」他說。甚至當我寫下這些文字時，我也感覺到跟那個時刻一樣的焦慮、緊張和責任的逼臨。他可能要說些什麼呢？他可能會要我做什麼或不要做什麼呢？更可能是不得做什麼，而不是要求什麼特定的行為或行動。他的模樣很嚴肅，但卻很仁慈。然而，儘管如此，或因為如此，我感覺就像一個小孩，被召喚到父親的書房或母親的縫紉室，或被老師告知要在放學時別人都離開後等著，等著只對我一個人說的那「幾句話」。**停下來，賊子！**我做了什麼事呢？我可能做了什麼事呢？「我只要求妳們孩子們一件事」——我的母親正是這樣說。

# 65.

教授正站在他的書房中。教授只要求我一件事。我的預感很正確，是不得做什麼。他要求我一件事，是私底下告訴我，以那種有禮、細心的方式對待我，把我視為智力上對等的人。然而，他表現得很堅定，並且很有耐心地對我說明。「當然，妳了解，」他在告訴我某種難得的發現，某種珍貴的研究結果時，時常這樣對我說。或者他會說，「也許你會有不同的感覺，」好像我的感覺、我的發現，跟他自己的感覺、發現是同等的。他並不會訂下律則，只有這一次而已——就這個律則。他說，「請永遠不要——我是說，任何時間、任何情況，都不要努力為我辯護，就算你聽到有人針對我和我的工作說出辱罵的話語。」

他小心地加以說明，很像在上一堂幾何學的課，或在說明病毒進入身體後疾病發作的必然過程。在這點上，他似乎指出（就像有一張有關發燒病人的圖表，用圖釘釘在我們前面）：只要有一點點跡象顯示，妳可能要開始反駁，為我辯護，那麼，攻擊者的怒氣或挫折就會更加深。如果妳以錯誤的方式開始進行一種邏輯的辯護，這對誹謗者並不會有好處。妳會加深憎意、恐懼或偏見。這樣對妳自己不會有好處，因為這只會暴露妳自己的感覺——我理所當然認為妳對我的發現有深刻的感覺，否則妳不會來這兒。妳這麼做不會對我和我的工作有好處，因為敵意一旦生根，就無法從表面上方拔起，它會因為熱烈的辯論而茁莊，扎根更深。去除恐懼或偏見的唯一方式是從裡面、從下面，並且是自然的。這類有偏見或受到驚恐的心智，會規避以精神分析的方式處理的任何暗示，就算妳在這方面進行研究、探討，也無法找到問題的根源。我是說，為了替我辯護而說出的每句話，對於已經有偏見的心智而言，只會使根部扎得更深。如果妳忽略此事，攻擊者就不會生氣——或者他那無意識的內心可能會在以後發現另一個目標，作為其觸角的對象……

這是事情的重點。我們在一起談話時，他很少使用任何現今已被使用過度的專門術語。這些術語是他所發明，再由那些不斷增加並構成極具威嚴的「國際精神分析學會」的醫生、心理學家和神經專科醫生加以詳細說明。有一次我努力要說明我內心正在拔河的一件事，我說，「我想你會說，那是一件矛盾心理（ambivalence）的事情？」他沒有回答我，我又說，「或者你是說 am-*bi*-valence？我不知道它的發音是 ambi-*valence* 還是 am-*bi*-valence。」教授的手臂伸出來，當他希望強調某種發現，或希望我專注眼前的某個要點時，就會這麼做。他以那種透露奇異的漫然、反諷意味的模樣說，「妳知道嗎，我自己也一直很疑惑。我時常希望能找到一個人來向我解釋這些事情。」

# 66.

需要解釋的事情那麼多，可以用來解釋的時間卻那麼少。例如，我的「蛇與薊」主題，或者我已幾乎把它寫成「主旋律」了。它確實是一種符號、一種符徵——想必已經是了——但縱使我在另一個房間的架子角落那一大把舊戒指中，發現了另一枚像我在巴黎所看到的圖章戒指，這也不會證明任何事情，並且可能會在我們討論或重建因果關係時離題太遠。對於那種由夢的內容或關聯性的思緒和記憶所顯示的無意識心靈，我們會有所謂的發現，其中有無形的寶物、寶石和珠寶；而我們在討論或重建因果關係時，可能會發現這些寶貴的東西，但卻可能離開了眼前的重點。我的蛇和薊——它讓我想起什麼呢？當然會想起亞倫的杖，丟在地上時會變成有生命的爬蟲類[24]。爬蟲類？如果我沒說錯，亞倫的杖原本是摩西的手杖。蘆葦中的摩西，「我們」的夢和「我們」的公主。那土地為上帝所詛咒，因為亞當和夏娃吃了禁果。從此以後，它會帶來荊棘和薊——荊棘和薊，這兩個字眼喚起相同的情景，不毛之地、沒有生產力的荒地或沙漠。**人們收集荊棘葡萄或薊無花果嗎**？另一個問題，另一個問號，反過來的半個S，S代表圖章、符徵，當然也代表蛇（serpent）、印章（*signet*）、西格蒙特（*Sigmund*）[25]。

# 67.

西格蒙特（Sigmund），悅耳的聲音；不，其實是齊格蒙德

（*Siegmund*）[26]，即勝利的嘴巴、聲音或言語。那是「勝利女神」、我們牆上的符號、我們的神祕符號、我們的書寫。那小小的銅雕，他桌子上那些排成半圓形的諸神或「別人所解讀的『諸善』」之中的那件他最喜歡的東西。「勝利女神」以及「無翅膀的勝利女神」，因為「勝利女神」永遠不能、永遠不會飛離雅典。雅典，一個立在一座小山上的城市；小山，大山；還有貝格街（Berggasse），小山 *Berg*，以及小徑或街道或道路 *gasse*。有老鼠簕（acanthus）葉子的圖案出現在直立的科林斯式柱頭的頂端，不是嗎？而拉丁文的 *acanthus* 和有關聯的希臘字 *akantha*，意思是荊棘或刺。有一些圖案，是老鼠簕葉子的裝飾性象形圖樣，是很古典的符徵。據說，在荊棘的終端有一個

---

24 譯註：亞倫的杖（Aaron's rod）是指摩西之兄亞倫所使用的手杖，據聖經中所記載，亞倫的杖與摩西的杖一樣具有奇蹟能力，以此證明摩西和亞倫是上帝所選擇的領袖。亞倫的杖曾被投擲到地上，然後奇蹟般地變成了一條活蛇。

25 譯註：「西格蒙特」（Sigmund）是佛洛伊德的名，拼法類似「印章」（signet）。

26 譯註：這是日爾曼敘事詩《尼伯龍根之歌》中的英雄人物，意味著勝利的口、聲音或言語。

荊棘王冠。

## 68.

但是為了確定 *akantha* 的意思，還是查一下我們小小的簡略希臘辭典。是的——那是源自 *aké*，即尖點、刃緣，因此也是一種有刺的植物，薊；也是一種荊棘樹。荊棘樹。我們的薊是所有荊棘樹的符號或印符嗎？也許，甚至是那獨特的、多刺的善惡知識之樹及其相伴的蛇。過去和現在有很多種類的蛇，其中有那隻「智慧」之蛇，它蹲伏在雅典娜女神的腳旁，也是她的屬性之一，像她拿在手中的矛（*aké*，一個尖點）——只不過我們無法確定的是，教授那座完美小銅雕的手一度握著的就是一根矛。它可能是一根棍子，或手杖。

# 69.

你的棍子和你的手杖。在英格蘭，我們的北美菊蔓生在夏末的田野，沿著每條小路以及在每片林地邊緣蔓生著，或一叢一叢整潔地種植在花園中，我們稱之為Aaron's rod[27]。北美菊（goldenrod）讓我們想起黃金樹枝（Golden Bough）。在《希臘詩選》中，墨勒阿格（Meleager）[28]認為，一直閃亮著自身亮光的黃金樹枝歸功於柏拉圖。教授在一個冬天的日子給了我一小枝植物。他說，他在法國南部的兒子寄給他（或藉由一位從法國南部回到維也納的朋友送達）一箱柑橘，其中有一些帶葉的樹枝。他認為我可能會喜歡。我拿了一枝，它本身就是一棵小小的樹，加上一串金色果實。我謝謝教授。至少我喃喃說了老套的話。「你多麼可愛……多麼迷人」，或諸如此類的話。他是否知

27 譯註：即毛蕊花。
28 譯註：紀元前一世紀希臘作家、詩人。

道，或他曾經知道，或他根本不曾知道，我正在想什麼？我沒有說出我來不及去形塑成言語的話——或者，就算我有時間說出膚淺的「多麼可愛……多麼迷人」以外的語詞，我也無法相信我會說出來。言詞是存在的。字語正在歌唱。它們繼續歌唱，像一個殼中的回音之回音，很遠卻又很近；那是我的外耳的耳廓本體，以及綣曲的內旋或旋繞的腦殼，而在腦殼裡面是綣曲、複雜、隱士般的軟體，即腦體本身。思緒是某種東西——有時它們是歌。我不必去回憶語詞，我並沒有把它們寫下來。在一片硬骨或硬殼中的另一個軟體已經投射出這些語詞。有一首歌根據語詞而譜成，另一個歌唱著的腦殼形塑了它。不，不是舒曼的音樂，雖然它很可愛；有一首我們在學童時代唱的歌，是根據語詞譜成的另一首歌。甚至語詞不用音樂也兀自唱著，所以即使我無法辨認我們輕唱時的「音調」，但那並不要緊。**你可知曉那個地方？**

# 70.

## 你可知曉柑橘樹開花的地方？

在這段長時間的等待後，我不必懷著無法忍受的恐懼和強烈的傷心之情，就能夠記得在維也納的療程，於是那些語詞就回歸了，透露出奇特的清新和尖銳。戰爭已逼近我們，但我還沒有時間去撿選、重溫和重新聚集那連串屬於一九一四至一九一九年這段歷史時代的奇特事件和夢想。我想往下挖掘和往外挖掘，根除我個人的雜草、強化我的目標、重新確定我的信念、疏導我的能量，而我把握住了與佛洛伊德教授本人一起工作的意外機會。要不是薩克斯醫生的建議，我永遠不會認為我可能接近佛洛伊德，甚至不會想到要探問這個可能性。我跟漢斯．薩克斯醫生在柏林有過最初幾次美好的談話，並且想要繼續工作，但他正要前往美國。薩克斯醫生問我：如果教授接受我，我是否考慮跟他一起工作？如果他要接受我？佛洛伊德本人要考慮讓我成為接受他精神分析的對象，或成為他的學生？這似乎是一個很怪誕的建議，我認為這是十分不可能的事。但是，**如果教授接受我**，我無論如何是不會有選擇的，我當然會到他那兒。

# 71.

我在這些筆記較早的時候說過，教授的解釋太具啟蒙性，不然就是令人感到消沉。我意思是說，很奇怪的一點是，我們已經能夠觸及事情的根源，今天，**我們已挖掘得很深**；更奇怪的另一點是，我們已接近最高真實的最清澈泉源，就像在夢到「公主」的那個明亮、**真實**的夢之中，以及在一般認知為「超常」的領域裡的那條河之中。那是一種景象或圖像，**被啟蒙者**從這種景象或圖像所來自的那些領域接受他們的——「證書」；在寫出「證書」這個詞時，它似乎是一個奇怪的詞，但它「自動就寫出來了」。我的「公主」圖像是來自一種由**啟蒙之光所加持的手稿**的一種精巧又無止盡的關聯性，並且在書和手稿之中的那個分類中有其地位。你也許記得，我在開始時所說的那個夢，其不同的程度就像我們所遇見的人，就像我所閱讀的書。書和人在這個幻想的世界中溶合在一起。無論如何，我們可以非常恰當和精確地區分夢和不同幻想的類型。有些最微不足道和令人厭倦的夢，是報紙那一型態的；但在一張舊報紙中，甚至有時也會出現一種永恆真實的暗示，或一則取自偉大演講的引言，或者一則有關英勇表現的故事，並列在無價值且往往很卑劣與微不足道的當日事件記錄中。印刷的紙頁會有所不同，有廉價的新聞印刷體、好的印刷體、壞的印刷體、沾污和不均勻的印刷體；有廣告的大字母印刷體，或幾乎看不見的針尖似印刷體；有兒童的字母圖或積木的巨大大寫字母。字母或觀念在紙頁上可能就像觀念本身般傾斜；它們可能是沒有目的的；它們可能了無新意，不是讓人「閱讀」的，而是作為一種試驗，例如醫生或驗光師掛在診間牆上或醫院病床上方圖表上的對稱字母，並不一定有什麼意義。有些夢或夢的關聯性，跟隨著一條線進行，像地圖上的一條曲線，或顯示出鋸齒狀的三角形態，像一個碗上的裂痕，顯示出碗或瓶子可能在任何時刻裂成碎片。我們全都知道在珍貴的玻璃奶油碟子上那種幾乎看不見的線條，預示碟子將遲早——比較可能是「早」——「在我手中裂開」。

所有這些形狀、線條、曲線、無意識心靈的神祕符號，而教授首先開啟對於這種未經探測的廣闊領域的研究。他自己——至少我個人這麼認為——表示很遺憾，人們很容易固執於想法，無法堅決地設定符徵或將它們接合。沒錯，他自己開始解釋或翻譯大量累積的有關無意識心靈的材料。他「開採了油礦」，但有關「油」的應用，關於可能或應該如何使用它，卻不能完全由原始的「創始者」來支配或管理。他開採了油礦；「裡面確實有東西」；是的，一個可以探測以及——啊呀——利用的廣大園地開放著。有些遠古的諸神排列在教授桌子上的半圓形中，如同我已說過的，桌子聳立著，像「至聖所」中的高聖壇。諸神各自是雕刻的符徵，代表一個觀念或一個不死的夢，有些人把它們解讀為：「諸善」。

# 72.

有聰明的處女，有愚蠢的處女，還有她們的幾盞燈。祢用油膏我的頭——是了解之油——真的，我的福杯滿溢。但此目的是為了個人重建意向和印象。我已經開始我的初步研究，俾能在戰爭來臨時鞏固和裝備自己面對它，並且如果我的訓練充足、我的能力適當的話，我能夠以某種輔助的方式幫助受戰爭衝擊和受創的人。但我個人的實際戰爭衝擊（一九一四年至一九一九年）並沒有這樣的機會。我才要跟教授進行療程，那些表示考驗即將來臨的初步徵象就出現了。我更加深探究我想公開爭辯的主要事物，包括戰爭、其因果，及其不可避免的後遺症，如神經崩潰和相關的神經疾病。骷髏頭似的卐記號用粉筆寫在鋪道上，直達教授的門口。我必須非常莊重地盡我所能去鎮定我個人的恐懼症，鎮定我自己個人那條象徵戰爭之恐怖的小飛龍，以我所能召喚或命令的任何力量，無論如何逼它暫時回到它的地穴去。

它在那兒吼叫，咬著它的鍊子，最後終於掙開鍊子，因為象徵火和硫磺，象徵旋風、洪水和暴風雨，象徵聖經的「最後審判日」和「末日的號角」的所有不足信的恐懼，變得不再是抽象的東西，不再是太可怕而無法想及的恐怖，而是變成每日、每夜，且有一段時間日與夜的每個小時，都在我自身、我的朋友、在所有精彩與所有平凡乏味的倫敦人身上發生的事情。

# 73.

我所祈求的對象仁慈之神，已經把老教授帶離了。他在風暴、轟炸和戰火肆虐這個城市之前就離開了。他像一把灰燼，被珍藏在一個甕中，或被散布在倫敦外一個「記憶花園」中的花草之中。我想，在花園牆上必然有一塊大理石，或在一條花園小徑旁的一個角落中必然有一個小盒子。我甚至沒有去看，去注視一個熟悉的名字，也許加上一個日期，我甚至沒有沿著一條圍著修剪過的紫杉，或更可能是圍著芳香的灰綠薰衣草的小徑漫步，同時想著教授。我們的「記憶花園」是別的地方。

你可知曉柑橘樹開花的地方，
金黃的柑橘在暗暗的葉中發光，
輕風在藍天下吹拂，
新娘花靜靜亭立，月桂樹高高聳立，
你可知曉那個地方？
　那兒！哦那兒
我的情人啊，我想要與你同行。

你可知曉那間房子？屋頂棲息在柱子上，
廳堂發光，屋室閃亮，
而大理石雕像矗立，凝視著我：
可憐的孩子，他們對你怎麼了？
你可知曉那個地方？
　那兒！哦那兒

保護我的人啊，我想要與你同行。

你可知曉那座山及其雲橋？
騾子在霧中尋路，
古代的龍群盤踞山洞，
岩石急落，上方洪水湍急；
你可知曉這一切？
　那兒！哦那兒
就是我們的路！父親啊，我們走吧！[29]

## 74.

我已說過，這些印象想必是主動加諸我身上，不是我主動接受它們。所有的印象中的第一個印象，把我帶回到開始的地方，帶回到我跟教授進行的第一次療程。寶拉打開了門（只是我當時並不知道，這個漂亮的維也納嬌小少女叫寶拉）。她脫掉我的外衣，說了一句表示歡迎的話，讓我微微感到尷尬，因為我是用英文思考，只有英文字語才會提示我。她已經把我引進等候室。等候室的窗子有蕾絲窗簾，室內有嵌在相框中的名人照片，有些名人我很熟識。哈維洛克．艾利斯醫生和漢斯．薩克斯醫生在照片中凝視著我。在反射鏡照射之下，相框中的他們很熟悉但有點扭曲。那張新英格蘭小型大學所頒發的證書裝在框中，顯得很樸實，但很珍貴，我後來曾加以檢視。還有那張令人毛骨悚然、畫得很詳細的杜勒（Düreresque）風格象徵畫，主題是「活埋」或諸如這類思想畫派。我在這個房間等著。我知道西格蒙特．佛洛伊德醫生教授會打開面對我的門。雖然我早就知道這件事，並且有幾個月準備面對這種考驗，但是當門打開時，我還是嚇了一跳，很吃驚，甚至很震撼。等待了那段時間之後，我覺得他出現得太突然了。

29 譯註：這是德國詩人歌德所寫的〈米格儂的歌〉（或譯〈迷孃曲〉）。

我很機械地走過門。門關起來。西格蒙特・佛洛伊德沒有說話。他正在等我說什麼。我說不出話。我環顧四周。喜愛希臘藝術的我不自禁端詳著房間的東西。我的右邊、左邊的架子上展示著極為可愛的東西。我已被告知有關教授、他的家庭、他的生活方式方面的事情。我聽過一些他著作的一般讀者所無法獲知的個人軼事。我聽過景仰他的人以帶著愛意的口氣批評他，也聽過他的敵人嚴厲地痛責他。我知道，大約五年前，他過去患過的嚴重疾病復發，情況很糟。他患了特別惡性的嘴部或舌頭的癌症，再度接受了手術，但藉著某種奇蹟（讓維也納專科醫生很驚奇），他卻復原了。我有一種奇怪的想法，認為我們兩人都基於某種目的，「奇蹟地獲救了」。但所有的這一切都是一種感覺，一種氣氛——我雖體認到或知覺到，但並沒有實際形諸字語或思想。就算我在那個時刻體認到，我也不可能說出來。我確實知道，我置身在這兒是極大的榮幸，這一點我確實體認到。我之所以置身在這兒，是因為薩克斯醫生建議我來，並寫信給教授推薦我。薩克斯曾以愛意的口氣談到教授，有時以溫和的反諷語氣談到「可憐的教授夫人」。但沒有人曾告訴我說，這個房間充滿寶物。

我要向「海上的老人」致意，但沒有人告訴過我，他從海的深處搶救了寶物。

**75.**

他置身在這兒的家中。他是這些寶物不可或缺的一部分。我從老遠來，身上沒有帶著東西。他有他的家庭，有一個完整家庭的傳統，可追溯到羅馬帝國的這個古老中心，進而追溯到聖地。

啊，賽琪[30]，來自那被視為「聖地」
的地方！

30 譯註：希臘神話中為愛神厄洛斯（Eros）所愛的一個少女，象徵佛洛伊德所研究的「靈魂」或「精神」。

他是無限古老的符徵，在天平中衡量著靈魂賽琪。這個靈魂穿過生命之門，進入永恆之屋而迎接守門者嗎？似乎如此。我應該認為，在那位於門檻遠處的家，守門者可能已迎接了顫抖的靈魂。教授並不是這樣。但他等著，發現我不說話或無法說話，就先說話了。他所說的是——我認為口氣有點悲傷——「唯獨妳進入這個房間後還沒有看著我，就先看著房間。」

但更糟的事就要發生。一隻像獅子一樣的小動物悄悄走向我——其實應該說是母獅。她從裡面的私室出現，或從躺椅的下面或後面出現。總之，她繼續穿越地毯。我很尷尬、害羞、不知所措，彎下身跟這隻動物致意。但教授說，「不要碰她，她會咬人。她對陌生人很兇。」陌生人？越過門檻的靈魂對於守門者而言是陌生人嗎？似乎如此。但是，雖然我不是公認的愛狗者，但卻很喜歡狗，而且有時候狗也會出乎意料地對我產生好感。就算這次會是個例外，我倒是準備冒這個險。教授那有點難以親近的模樣並沒有令我害怕，只是令我感到苦惱。我不僅繼續對這隻小狗做出手勢，還蹲在地板上，讓她可以更加方便地咬我，如果她想要的話。約菲——她的名字是約菲——把鼻子伸進我手中，露出微妙的同情模樣把頭依偎在我的肩膀上。

## 76.

我可以再說一次，教授並非總是正確的。也就是說，沒錯，他的判斷一直是正確的，但我那種形式的正確，我的直覺，有時會在剎那之間發揮功能（這在心靈的時間計算方面是很重要的），所以更加快速。我在一些表現直覺的情況下反應更加快速，有時，那棵偉大的共同「知識之樹」的根部有一片小卷鬚，會伸進下層土壤更深的地方。他的根是那棵樹的巨大之根，但我的根有著像頭髮一樣幾乎看不見的觸鬚，有時會在顫動中發出警告，有時則會解決問題，例如在陌生人這個字眼造成衝擊時。「我們會讓他知道，」看不見的直覺小根部會這樣回嘴。「愛我，愛我的狗」這幾個字在沒有形成思緒的情況下會給我提示。「他會看出我是否冷漠，」我的情緒迅速地反駁，只不過不是以字語的形式反駁。「如果他是那麼明智，那麼聰明，」底層那最小的根部提供我訊息，「妳就讓他知道妳也是明智、聰明的。要讓他知道，妳有方法去發現人們的事情，不是完全看他們平常的外表。」我的直覺這樣挑戰教授，只不過不是以字語的形式挑戰。那種直覺無法真實地翻譯成語詞，但是如果可以翻譯的話，大約會是像這樣：「我為何要看著你？你就包含在你所愛的東西之中，如果你譴責我在還沒有看著你之前就看著房間裡的東西，嗯，我還是會繼續看著房間裡的東西。其中之一是這隻金色小狗。她會咬人，會嗎？你說我是陌生人，是嗎？嗯，我會讓你知道兩件事：一，我並非陌生人；二，就算我在兩秒鐘之前是陌生人，我現在已不再是了。更何況，我對這隻金色的小約菲而言從來就不是陌生人。」

無言的挑戰持續下去，「你是一個很偉大的人。我尷尬得不行，我害羞、驚恐、笨拙，像一個畸形發育的女學童。但是請聽吧。你是一個男人。約菲是一隻狗。我是一個女人。如果這隻狗和這個女人彼此有好感，那將證明，在你那苛刻的暗示性批評——如果它是批評——之外，還有另一個因與果的區塊，另一個問題與答案的區塊。」無疑，教授從一位來接受精神分析治療的新人或病人的第一個反應中，獲得了重要的線索。事實上，我對此並無準備。如果我有所準備，對我而言會更糟。

# 77.

「不管是偶然還是有意」，我在九月十九日開始寫這些筆記。我去查閱我的「古代神祕日曆」，發現W．B．柯羅（W. B. Crow）醫生把這一天歸屬於「托特（Thoth）神，即埃及人的使神莫丘利。帶著正義天平的人。聖雅納略（St. Januarius）」。我們知道，雅努斯（Janus）是古羅馬的門神，一月（January）的守護神，而一月是一切的「開始」。

雅努斯面向兩邊，門打開的地方和門關閉的地方。在這兒的這個房間中，有我們的出口和我們的入口。我也注意到房間的四邊，並想到第四維度的問題：「藉由一種假設性的推測而歸諸於空間的附加維度」，這是字典上有點滑稽的定義。老雅努斯也是四季的守護者，四季是一年四個部分的時間序列。托特是原始的衡量力量，是後來希臘的赫爾墨斯神（Hermes）[31]的原型。我將他跟更後來的羅馬使神莫丘利——我們的「飛行的荷蘭人」——連結在一起。

我自己有一個喜愛的故事；我本來已經完全「忘記」它；現在我忽然想起它。這個故事是關於一個名叫雅納略（January）[32]船長的老燈塔看守人和一個遭遇船難的小孩[33]。

我們才要開始我們的探究，我們的「研究」，老教授和我。

## 78.

這只是一個開始，但我最近知道（也是從柯羅醫生那兒知道），「希波克拉底大學的圖章上有纏繞著蛇的T形十字架——早期的基督教藝術家正是使用這個圖形來代表摩西在荒野中舉起的蛇。」我的「蛇與薊」主題顯然跟此事有某種隱藏的關係。

希臘神話中的醫神阿斯克勒庇俄斯被稱為無瑕的醫生。他是太陽神阿波羅的兒子，音樂和醫藥對這個象徵光之本源的神而言都同樣是神聖的。這位半人、半神（命運註定的），在實際開始進行讓死者復活的工作時超越了界限。他被一位復仇之神的雷電所擊毀，但阿波羅不顧他父親的怒氣，把阿斯克勒庇俄斯安置在星辰之中。我們的教授站在大門的這一邊。他沒有聲稱要把已越過門檻的死者帶回來，但他讓死去的心、受創傷的心智和適應不良的身體復活，成為很多有生命的孩童。

其中有一個孩童名叫米格儂（Mignon）。這確實不是我的名字。就我的年紀而言，我確實很嬌小（*mignonne*）；但他們說，我並不美，而且很容易看得出來，我並不像我的哥哥那樣古雅、敏捷、聰明。我是哥哥的守門人嗎？似乎如此。很多的這些兄弟在那第一次的戰爭中死於法國戰場。很多這些兄弟都死了。無數沉著、訓練有素和英勇的年輕有翼使神莫丘利，已從天空掉落，

31 譯註：司商業及發明等之神，亦為眾神使者。

32 譯註：即「一月」（January），源自古羅馬的門神「雅努斯」（Janus）。

33 譯註：暗示佛洛伊德與作者H．D．的關係。

成為大量的死者之一。死者的領導者？那是希臘神話中的赫爾墨斯神，其特性來自埃及神話中的托特神。T或T形十字架變成赫爾墨斯神手中纏繞著蛇的手杖，再度呼應摩西在沙漠中舉起的那個T或T字形十字架。

我是我哥哥的守門人嗎？就我那未受過訓練的思緒所允許的程度……以及超越我那受過訓練的思緒所能讓我達到的程度。教授並非總是正確的。他不知道——或者他知道嗎？——我在還沒有看著他之前先看著房間中的東西，因為我知道他房間中的東西是「永恆」的符徵，並且在當時包含了他，就像現在「永恆」包含了他一樣。

## 79.

這位老雅努斯（Janus），這位為人所愛的燈塔看守人，老船長雅納略（January），排斥先驗的沉思，或至少把這種玄祕或隱藏的象徵，轉移到玄祕或隱藏的區塊：人類內心的個人反應、夢、思緒聯想或思緒「傳移」。他所關心的是人類的個人，其對於日常問題的個別反應，孩童與環境、朋友、老師，尤其是父母的關係。至於這一生結束之後發生了什麼事……身為個人，身為一個種族的成員，身為包含很多不同、個別分支的整體兄弟之誼的成員，我們在這方面並沒有從賦予我們時代名稱的大師的啟蒙教導中有所獲益。最好有一位屬於古老以色列傳統的先知出現，排斥未來、死後生命的幻象，就像羅馬的百夫長，站在龐貝的大門前，不離開入口前的崗位，因為他沒有接到這樣的命令，並且他為了以後的各代堅持面對那驚人的景象，身上沾著硬化的岩漿，被保存在那毀了他的火與灰燼中。

「至少，他們沒有把我綁在柱子上燒死。」教授是這樣說及他自己呢？還是別人這樣說及他呢？我認為是他自己說的。但這雖不中亦不遠矣……甚至就字面意義而言……昨夜，在倫敦這兒就傳來了熟悉的警報與叫聲，是空襲警報，每次警報之後都是更刺耳且震碎靈魂的「解除警報」。「解除警報」是真實恐懼的一種後果或餘波，破壞性更強。在解脫了實際的危險後，我們會有時間去思考它。「空襲警報」和「解除警報」被近處或遠處的爆炸聲間歇性打斷，時間是淩晨三點以及七點之後，間隔越來越短……戰爭還沒有結束。**愛與死**，這兩者是教授永久沉迷的主題——事實上是唯二的主題。它們仍然被緊緊抓住，在僵局中掙扎著。海克力斯跟死神的鬥爭仍未停止，還在掙扎著。但教授自己宣稱具有海克力斯的「愛」的力量，而我們知道，「愛」比「死」更強有力，自始就是這樣寫著。

由於愛人類，所以教授在大門守衛著。教授寫道，對於靈魂存在的信念，對於死後生命的信念，是最後和最偉大的幻想，是巨大的願望滿足；經由各個時代，已經建立起有關來世的精緻和詳細的圖像。他甚至可能相信這一點。如果是這樣，這就再度證明他的百夫長勇氣。他會成為守衛者，他會把整個意識流變成有用的管道，變成灌溉管道，以免這種力量浪費掉。他會清掃奧吉亞斯之牛欄[34]，他會馴服尼光亞獅[35]，他會捕抓厄律曼托斯山的野豬，他會把斯廷法洛斯湖怪鳥從無意識心靈的沼澤中除掉。這些事都必須做。他指出了可以做這些事的一些方式。他似乎一再強調，除非我們完成了我們的十二件艱辛的工作，否則我們（人類）就沒有權利在來生的雲墊似幻想和夢想上休憩。

他會在有思考能力的心智的理性上層把這個天堂的夢關閉，把這個永恆生命的希望關閉。有人在什麼地方寫及西格蒙特．佛洛伊德的勇敢悲觀主義。他對於這個世界幾乎不存有希望。他知道為何人們嘲笑他那些最初的發現，嘲笑他的《夢的解析》，他的《幻覺與夢》，以及其餘的發現。他以機智與幽默的文章來回應那些最初誹謗他的卑下人們——我認為我們無法在翻譯中評估這一點或給予評價——但是，縱使一個人很膚淺地觀察他面對對手的方式，也必須承認，只要有一個值得一較高下的對手，他的機智無人能出其右。他不想證明人們是**錯誤**的，他只想把方法告訴他們，讓他們知道，別人已經把那些最終可能證明是有破壞力的想法強加在他們身上。他甚至在後來寫了一篇理性、冷靜和不激動的文章，談及人們再度憎惡猶太人的原因。

34 譯註：是希臘神話中奧吉亞斯畜養三千頭牛之牛欄，曾有三十年之久未清掃。
35 譯註：海克力斯在尼米亞所殺死的猛獅，為其十二項艱辛工作的第一項。

**80.**

有另一個猶太人說，天堂的王國是在你心中。他說：除非你變得像小孩子一樣，否則你就無法進入天堂的王國。

**81.**

其他詩人接受我們的探究。你卻豁免了。
其他詩人我們探究再探究——你卻微笑，不動聲色，
知識超群。已是最高的山了，
誰會向星星解下他莊嚴的王冠，

他把堅定的腳步植於海中，
以天中之天為他的居所，

只留下他的基底的多雲界
以備凡人堅實的尋求；

而你，星星和陽光所知曉的人，
自學、自審、自導、自保，
踩在地球上，高深莫測。——這樣更好！

不朽的心靈所必須忍受的所有痛苦，
所有造成傷害的脆弱，所有讓人低頭的悲傷，
在那得意的額頭中找到唯一發聲的地方。

一種力量驅使（幾乎強迫）我抄錄這首詩。這首詩當然就是馬修．安諾德（Matthew Arnold）那首為人熟悉的讚美莎士比亞的十四行詩。我本來不想把它放進這些筆記中，但也許我的潛意識或無意識內心在「那得意的額頭」中

體認到一種知性方面的親族相似性。這首詩的最後一行中透露一種伊麗莎白時代的奇想或詩意，一種隱藏的指稱——一種純然個人的發現，但就我們的目的而言卻具有奇異的催促力量。我們有得意或勝利，即「西格」（*Sieg*）[36]，有唯一的**聲音**，有聲音或詞語，或發言，即「蒙特」（*Mund*）[37]，合成**Sigmund**。這首詩，這首十四行詩，好像為我們而寫，為這個場合，為這種回憶而寫；還有德國詩人歌德更具個人意味的抒情詩，我已經在這些筆記的較早部分提及。[38]我無法憶起我和我同時代的一群人在學童時代所唱的音樂配曲——不是舒曼的配曲。但有關教授，確實是有音樂的；他所發出的每個音節都有音樂，他的名字 *Sieg-mund*，即得意的聲音或發言，音樂就在其中。維也納的每個地方都有音樂，有貝多芬，因他的交響曲而情感過載且受盡折磨；還有莫扎特，脆弱、無瑕、遭人遺棄、早死。當然還有舒曼，而舒伯特的名字，與格林津村莊或郊區有特別的關聯，這個地方離我第一年在維也納時教授的別墅所在的德布靈不遠。維也納這個城市被世人稱為音樂和音樂喜好者的核心與中心。在這兒，這位大師音樂家，也是阿波羅的兒子，會讓整個人類心靈臻至和諧境地，會像奧菲斯（Orpheus）一樣，迷住那些具無意識或潛意識心智的野獸，把生命賦予那些象徵被埋葬的思緒和記憶的權杖和枯石。

## 82.

「不管是偶然還是有意」，我在九月十九日開始寫這些筆記。這個日子對於托特（Thoth）以及後來對聖雅納略（St. Januarius）而言是很神聖的。「聖雅納略」這個名字關係到羅馬神話中的「雅努斯」（Janus），即入口和大門口的守護神，是所有的「開始」的守護者。我並不是故意選這個日子，只

36 譯註：德文是「得勝」的意思，也是佛洛伊德的名「西格蒙特」（Sigmund）中的「*Sig*」的意思。

37 譯註：德文是「口」的意思，也是佛洛伊德的名「西格蒙特」（Sigmund）中的「*mund*」的意思。

38 譯註：參閱第73節。

不過，當我經常檢視日曆時，我的潛意識心智可能已引導我這樣做。但我會基於十分明確的「意向」，把這些「開始」加以完成，就像為了十一月二日這個為死者的靈魂點亮蠟燭的日子。

今天是萬聖節的前夕，所以明天是一九四四年十一月一日，即萬聖節。象徵古老神意的米迦勒天使，象徵啟示的大天使米迦勒，是那個仍然稱為「水星」的星球的統治者。在文藝復興時代的繪畫中，聖米迦勒穿著古代諸神使者的有翼涼鞋，有時甚至穿著有翼的甲冑，這並不令人驚奇。但我為教授選擇的是萬聖節的後一天。他對於靈魂的興趣勝過對聖者的興趣。

## 83.

其中一個靈魂名叫「米格儂」，只是它的身體並不很適合這個名字。它很小，「小米格儂」（*mignonne*），只是他們說，它並不漂亮。它是在兩個男孩中間的一個女孩，但很諷刺的是，它纖弱、像老鼠，而兩個男孩則閃閃發亮、呈金色。他們說，它不漂亮。然後他們很驚奇地說，「它確實很漂亮，但不是很可惜嗎？它是那麼高。」這靈魂叫米格儂，但它顯然與它的身體不合。但它在一首歌中發現了自己。只是曲調失傳了。

## 84.

約翰・沃夫根・歌德的這首抒情詩的最後一節中有一行是，

岩石急落，

岩石碎裂或落下，形成廢墟，而這確實是我們的困境，但接著是

上方洪水湍急

給人的印象是一條有生命的河流，雖然直譯是「洪水湍急」。廢墟和洪水，但卻有我們特別的方舟或三桅船——我稱它為獨木舟——甚至，它最終可能會載著我們穿過湍急河道，到達安全的港口。歌德抒情詩中的米格儂本人參與了我們的問與答儀式。還有我所謂的問號，有一九二〇年春天出現在希臘科夫島牆上的書寫中渦形圖樣的那個不完整倒S。有我的原始牆腳石的那個S或蛇，即我一個童年的朋友、我的第一個「活」詩人伊茲拉・龐德為我翻譯的謎似符徵。還有那個S之為蛇，跟薊一起出現，是暗示荒地和沙漠的符徵；但我們被告知，**沙漠將綻放玫瑰**，而摩西是在沙漠中舉起那只旗子，埃及人的托特的T形或T形十字架。教授一直在研究他的「埃及人摩西」主題的後續部分，只不過，我做了那個關於埃及公主的「真實」的夢時，我們其實並沒有討論這一點。教授那時問我，我是不是那個女孩米利暗[39]，她在杜雷的畫中站立著，半隱藏在河中的蘆葦裡，看守著那個新生嬰兒，嬰兒未來將成為一個被俘虜的民族的領導者，和一個新宗教的創立者。米利暗？米格儂？

# 85.

她會問問題。這首抒情詩的每一節都是一個問題或一連串問題。你可知曉那個地方？你可知曉那間房子？你可知曉那座山？

你可知曉那座山及其雲橋？

「你可知曉那座山及其雲橋？」是夠笨拙的翻譯，但「山」和「橋」的概念卻很適合有關教授和我們一起所做的工作的整體翻譯。原文 *Wolkensteg* 中的 *Steg* 真正的意思是一塊木板；窄橋是比較準確的翻譯。它不是一座讓大群人行走的橋，是一座好像被抛到深淵對面的橋，不是建造、錘打和構築出來的。有很多心理分析的建造和構築；有被人們解讀成「諸善」的「諸神」。我們在這

39 譯註：摩西的姊姊，見《出埃及記》十五章二十節。參前文25節譯註13。

兒處理的是被拋到深淵對面的幻想和想像的領域，而這是一個詩人的詩行。同一個詩人接下去的詩行，似乎特別適合我們的主題：

騾子在霧中尋路，

「騾子在霧中尋找他的路。」有很多騾子已經走上了這座山較低處那些較容易辨識的小徑上。他們負擔著沉重的知性裝備，或者因戴著偏見的眼罩而目盲，一直轉著圈子，回到畜舍時，為了自己過去的愚蠢，以及那座誘惑著他們的山更大的愚蠢，而悲傷地搖著頭。但卻有其他騾子繼續辛苦前進——忠實的騾子。他們在聖誕節的馬槽景象中發現自己的典範。

我們的恐懼就在這兒，還有一大群結合在一起的恐懼，包括龍及其成群的龍子、九頭蛇怪物，海克力斯的十二項艱辛工作中的另一項主題。

古代的群龍盤踞山洞，

古老的龍群——或遠古種類的龍群——住在山洞中。就像清教徒詩人約翰·班揚這位基督徒一樣，我們必須推進，穿越這些危險。你可知曉這一切？你可真正知曉這一點，以及所有的這一切？如果有人知曉，那就是老教授。而最後就是聖米迦勒——不是嗎？是他驅除了那隻原始的老怪獸。托特、赫爾墨斯、莫丘利，以及最後是米迦勒，天堂群體中的船長或百夫長。

但我們所關心的是靈魂，而不是聖者和天使；是米利暗，或者我們可稱呼她米格儂。

你可曾知曉柑橘樹開花的地方？

「你知道柑橘樹開花的地方嗎？」教授是在一個冬日給了我一根柑橘樹的樹枝，上面有像月桂樹的暗色樹葉。

金黃的柑橘在暗暗的葉中發光。

暗暗的葉襯托那金黃柑橘的亮光。

輕風在藍天下吹拂；

是的，天空暗而冷，並且在地平線近處有隆隆的戰爭聲響著。但在老教授和這個特殊的靈魂之上，卻有來自晴朗天空的輕風吹拂著——風是那麼輕柔，所以新娘花，跟玫瑰一樣對「愛」而言很神聖的新娘花，它的所有葉子一動也不動，而月桂樹高高地長在那兒。

新娘花靜靜亭立，月桂樹高高聳立。

全都在那兒；抒情的問語，以及回答時的暗示。那就是：你可知曉那「地方」——但你確實知曉，不是嗎？那間房子？那座山？那是一個奇異的地方，一個陌生的地方，一個與古典關聯的地方，聯想到愛神阿芙蘿黛蒂的新娘花，以及太陽神阿波羅的月桂樹。你確實知曉那間房子，不是嗎？那間房子的屋頂立在柱子上，像埃及的卡納克神廟或雅典巴特農神廟的原始屋頂或部分屋頂。但這間房子似乎在時間上比較接近，有很大的入口房間或廳堂及其發亮的燈和燭光，遠處則是掛毯或油漆明亮的內房、屋室或居室。我們在那兒發現了雕像，**大理石雕像**，甚至就像我在真實的診間遠處的房間裡面教授的桌子上發現了小形像。雕像凝視著又凝視著，似乎在說，你怎麼了？

可憐的孩子，他們對你怎麼了？

可憐的孩子，顫抖、不受保護的可憐靈魂。但是——你確實知道那個地方？——但是，你當然知道。我要跟你同行，我的守護人啊（保護我的人啊），

保護我的人啊，我想要與你同行。

土地或國家、房子、山——我們可能在花園中休息，我們可能在那房子裡得到遮護；它是那麼美；它讓我想起威尼斯大運河上的黃金宮。它是聖母禱詞中的「金屋」，整首詩的象徵依循靈魂進展的週期。花園、房子或廳堂、山。山很高，因為它的頂端就像有雲的奧林匹斯山，但它有雲橋或步道。那不是很寬的橋，古代的龍所棲息的坑或溝很深、很可怕。（但我們已經挖掘得很深，老教授說。）我們四周有散布的岩石和廢墟，瀑布的威脅性轟隆聲仍然在我們耳中迴響。但你，尤其是你，知道這地方，不是嗎，探究的靈魂問道；而辛苦前進的小騾子繼續在霧中趕路。哦，讓我們一起離開，靈魂請求著，詩人歌德的米格儂請求著；讓我們走吧，哦我最親愛的，她最先說，

我的情人啊，

然後，我的守護人啊，保護我的人啊，

保護我的人啊，

最後，她沒有問她是否可以走；或者說，她沒有大聲說，但願我們可以走，但卻透露出簡單的肯定，拈出那象徵最高敬意的白玫瑰——或者更白的梔子花。

那兒！哦那兒

就是我們的路！父親啊，我們走吧！

一九四四年九月十九日

一九四四年十一月二日

於倫敦

# 降臨

## 正文附註

〈降臨〉是〈牆上的書寫〉的續集，或其前奏，直接取自一九三三年的舊筆記簿，儘管直到一九四八年十二月才於洛桑整理出版。

H．D．

# 1.

一九三三年三月二日

我哭得太劇烈了……前往木造的老餐館，餐館有畫，像我的母親所畫的畫，瑞士風景、山、半山腰上的木造農舍、橋下的湍流。正如她的系列畫作，這兒也有幾幅維多利亞中期的雪景畫。鋸木廠的古老橫木板、里亥河（Leigh River）、有格子棚的別墅、神學院的鹿園（她的父親在此當過多年院長），這一切都暗示跟這些風乾的油畫有某種密切的關係。還有一些靜物試畫，蘋果加上一個棕色水瓶，以及常見的整簇雙牡丹花，加上一片藍色飛燕草，如同我們在畫廊中所看到的，但這些畫徒具樸實或家的味道，沒有內在的價值。

我的母親和我曾造訪如畫中的一處奧地利村莊，時間是在我們離開義大利後的一九一三年初夏。我的父親已回到美國，他說「要去買一雙鞋」。有一齣耶穌受難戲劇。我記得我的母親在一座木橋上跟村莊的一個女人談話，這個女人說猶大是漁夫。我的母親會講完美的德文。我們待在一間客棧中。我只記得女侍稱呼我是「年輕少女」，還有我們很喜歡的那幅加框版畫，畫著年老的奧地利皇帝和穿著藍色低胸裝、戴著珍珠的皇后。那地方可能是因斯布魯克（Innsbruck）。村莊——我不記得名字——的人把訪客帶進他們的家，是木造小屋或農舍（就像風乾的畫中所畫的）。我們對於村莊角落和舊橋入口的木雕基督，有非常強烈的感覺。

我獨自漫步走過橋，但沒有走很遠。森林似乎很危險。

聖誕節時，樹下的青苔上有鹿出現。我們的祖父為我們捏泥羊。

我哭得太劇烈了……我不知道我記得什麼：一九一五年春天我第一次在倫敦分娩時，冷漠如修女般的護士讓我痛苦；露希塔尼亞號沉沒的事件發生在我的孩子死產之前，這是一大打擊；我對溺水的恐懼；坐在公園長椅上的年輕人穿著藍色的醫院制服；我的父親在一九一八年表現出反戰情緒和態度的強烈大轉彎；我的婚姻破裂；一九一八年跟朋友們短期待在康沃爾；我的父親的望遠鏡、我的祖父的顯微鏡。如果我放開了（我，這一滴，在西格蒙特・佛洛伊德的「顯微鏡—放大鏡」下的這一個自我），我害怕會完全溶解。

我有布麗荷所謂的雙重自我「水母經驗」。鐘形玻璃瓶或半球體，像是透明玻璃罩在我的頭上方，像一個潛水鐘，還有另外一個，從我雙腳出現；在一九一八年七月，有一小段時間，我就這樣被「封住」在夕利群島（Scilly Isles）的聖瑪麗島，免於戰爭災難，或與它隔絕。但我無法待在裡面。我再度顯形，布麗荷在一九二〇年春天帶我到希臘。

我的哥哥和我拿了父親的放大鏡，他教我如何「燒紙」。父親阻止我們，他認為這樣很危險，是在「玩火」。

我告訴佛洛伊德教授說，我在一九一三年結婚，他說，「啊，二十年前。」

西格蒙特・佛洛伊德就像博物館館長，四周圍繞著他那些無價的希臘、埃及和中國寶物收藏。他是「拉撒路，出來」[1]。他像D・H・勞倫斯，雖然年老卻已成熟，並且擁有敏銳的知覺。他的雙手敏感而脆弱。他是靈魂的助產

1 譯註：聖經記載，拉撒路病死後埋葬在一個洞穴中，四天後耶穌吩咐他從墓中出來。

士。他本身就是靈魂。對他的想念敲擊著我的前額，像一隻骷髏蛾；他不是人面獅身獸，而是人面獅身蛾，是骷髏蛾。

難怪我很驚恐。我讓死神從窗子進來。如果我不讓像窗戶玻璃蒙上一層冰的智力保護我的靈魂或我的情緒，我就讓死神進來。

但也許他將用一劑心靈的藥治療我，我將從他的洞窟取走一個小藥瓶。也許我將知道祕密，成為具支配生死力量的女祭司。

他敲擊我躺著的這張舊躺椅上的枕頭。他生我的氣。他的小鬆獅犬約菲坐在他的腳旁。我們形成一種古老的循環或圓圈，明智的男人、女人、母獅（他這樣稱呼他的鬆獅犬！）

他是猶太人。就像那最後的先知，他會違反〈利未記〉的古老律則：用石頭砸死流浪漢，以想像不到的方法處罰違法的人。古老的維多利亞法律是很嚴厲的；哈維洛克・艾利斯（Havelock Ellis）和西格蒙特・佛洛伊德為我們這一代人緩解了這些嚴苛的規範。

肯尼斯・麥克弗森（Kenneth Macpherson）稱我為「記錄的天使」。我將努力記錄畫中蘋果、畫中籃子的紋路。畫掛在木櫃的左邊，我寫筆記抬起頭時，它正對我的眼睛。畫因煙燻和冬天的濕氣而模糊，但是畫中的蘋果想必有黑色的種子，畫中的瓶子想必裝有酒。我想要跟我的母親一樣畫畫，我們很讚賞她的畫，但她都一笑置之。

我的父親離家；星宿命令他這樣做。人類的靈魂則命令西格蒙特・佛洛伊德。

一九二〇年春天在科夫島，我有很多幻想，其中之一是，我想像一個穿著粗布衣的人來臨；他的外表並不是傳統彌撒亞的形象，只不過他的言詞讓我認為他是基督。他說，「妳曾經對我的人民之一表現仁慈。」我對誰仁慈呢？

有一個俄裔美國猶太人約翰・科爾諾斯（John Cournos）或伊凡・伊凡諾維奇・科爾訊（Ivan Ivanovitch Korshun），他說這是他的名字。我不認為Korshun是正確的拼法，但他是這樣發音，並且我記得，他說Korshun的意思是「鷹」。

還有另一個人，是布拉夏爾先生，有名的透鏡製造者，他為我父親的天頂儀裝設透鏡。這是我在夕利群島所想像的透鏡嗎？還是我稱之為「鐘形玻璃瓶」的兩個凸面透鏡呢？

我從埃伊納島（Aegina）回來，從一九三二年春天的希臘巡遊回來。我的女兒跟我在一起；她才十三歲。我一九二三年從埃及回來，那是圖坦卡門（Tutankhamen）[2]的古物出土的時候；我一九二〇年從愛奧尼亞群島（Ionian Islands）回來。

我藉由我的雙透鏡去看世界；除了這雙透鏡之外，一切似乎都破碎了。我藉由放大的玻璃鏡片看雪花。

我仁慈對待的那個人是誰呢？布拉夏爾先生矮小、深色皮膚、表情生動。他是有名的透鏡製造者，是美國最有名的一位，也許是世界上最有名的一位。他在我的想像中很矮小，我仁慈對待的這個人在我的想像中很矮小。他是煉金術士提到的魔法小人嗎？

## 2.

佛洛伊德把我帶進那另一個房間，讓我看他桌子上的東西。他拿起一件象牙放進我手中，象牙雕著毗濕奴、直立的蛇和蛇頭所形成的圓頂。他從靠近半圓形的終端選了一個小小的雅典娜像，說道，「這是我最喜歡的。」毗濕奴放置在中心，其他雕像安排在兩邊。在什麼地方有一座教授的雕像，坐在這張桌子後，或在這個圓圈裡。他打開靠在牆上的盒子，讓我看他的寶物，古代的戒指。

我們談到費用；他說，「不要擔心那個，那是我的事。」他繼續說，「我要妳感到自在。」然後他說，他認為我的聲音很「嬌嫩」，並且加了一句，好像我可能會讓外界事物侵入，「畢竟，我七十七歲了。」

我發現我並沒有那麼害羞。我跟他談到查德威克小姐，以及我在一九三一

2 譯註：紀元前十四世紀古埃及新王國時期第十八王朝的一位法老。

年春天跟她進行初步療程時很痛苦。我在努力了解實情時會刻意收集所有令人難過的記憶。他說，「除非是在事後，否則我們永遠不會知道什麼是重要的，什麼是不重要的。」他又說，「我們必須公正，自己要表現得很公平。」

我告訴他說，我對於他的房間的第一印象讓我感到極度震撼，且心情煩亂。我沒預期他會被這些寶物所環繞，置身在一間博物館、一間神廟中。我們談到埃及。我談到黃色的沙、藍色的天空、聖甲蟲。然後我說，埃及是一系列活生生的聖經插畫；我也告訴他說，我在孩童時代很喜歡古斯塔夫·杜雷（Gustave Doré，編按：參第一部分25節譯註12）。

他說，多麼幸運啊，我發現了「被疊加」（他的用語）在畫之上的真實。在最後的療程中，我告訴他「公主」和「籃中的嬰兒」的夢。他又問，我是不是米利暗，或是否看到米利暗，還有，我認為公主其實是我的母親嗎？

他說，夢有時顯露一個「角落」，但我辯稱，這個夢是最終狀態、一種絕對或綜合。我不是他第一次所提示的那個嬰兒、那個「新宗教的創立者」。顯然，他才是那道從埃及發射出來的亮光。

但是我們確實在玩「貓捉老鼠」遊戲，我們發現一個角落又一個角落，或者從一個房間的不同角落或面向看東西。是的，我們玩捉迷藏、找拖鞋、找頂針的遊戲，耐心且小心地把我們的片片拼圖湊在一起。在做填字遊戲時，我們以上下和前後倒過來的方式，以斜行的方式拼字，然後，我們又跑開，藏在地窖，或閣樓，或我們母親的衣櫥。我們玩著很棒的比手劃腳遊戲。

但是教授堅稱，我自己想成為摩西，我不僅想成為一個男孩，並且想成為一個英雄。他建議我讀奧托．倫克（Otto Rank）的《英雄誕生的神話》。

三月三日，星期五

我記得毗濕奴，認為那個象牙雕刻像半朵百合。

我不知道白百合是一種幻想、夢，還是真實。

情景是，我站著，透過花園的鐵欄杆看著，四周有一群各種年紀的小男孩，無疑是兄弟、較小的表兄弟以及鄰近的惡棍。

一個很老，很高的老男人在花園中漫步，跟他在一起的，是一個年輕版本的他自己，但那很高的年輕人是園丁。

祖父、教父、天父上帝，看到了孩子們。他召喚他們到鐵圍籠那兒。他端詳他們。但只有**一個**被選上。

那個很小的女孩蹣跚走向前，顯得很不安，害羞卻很勇敢。她越過門檻。她站在花園小徑上。那是一個「真實」的花園，多沙的小徑像我們祖父的花園；然而它是關著的；它不是一個很大的花園，更像一個有牆但沒有屋頂的長形房間。花園中有樹，是平常的樹，真實的樹。

此時，她只能藉由樹的果實或花來分辨樹木。但這些都是平常的樹木，時值長出夏天樹葉的平常時間。

這個年老的男人說，她必須選擇她想要的東西。其實那兒並沒有三色紫蘭花牆讓她採，樹上也沒有果實。但她必須選擇她想要的東西。

她看到她想要的東西了。那是這座花園中唯一的花嗎？

這不會是她要選擇的花，因為她是不可能被允許這麼做的。那是一朵復活節百合花或聖母百合花，長在小徑旁。

她指著它，為自己的大膽感到不安。

園丁解開一支小刀，為她割下那朵花。

但這令她非常不安。要一朵巨大的復活節百合花做什麼呢？她跑到此時空無一人的街道，跑到教堂街上他們家的前門。

她衝進前面的起居室或客廳。那兒似乎比平常更空蕩，亮光從顯然沒有窗簾的窗子照下來。媽媽在縫衣服，老媽媽在縫衣服。

我的復活節百合花！

「啊，」媽媽說，或老媽媽（我們的祖母）說，「那朵花放在妳祖父的新墳上會很美。」

她自己一個人在尼斯基山（Nisky Hill），她的祖父最近埋在那兒。那兒就只有這座山，像一座花床。她「種植」百合花。

很顯然，這就是我的遺傳。我的想像力遺傳自我的音樂－藝術家母親，遺傳自她的部分塞爾特人的母親，遺傳自英國和中歐血統的祖父。我的父親是純新英格蘭人，他的前一代是印第安那拓荒者，後來「回到東部」。我的父親也在這兒，但他以一種溶解或轉化的形式，融入了我們從未認識過的「另一位祖父」之中。我母親的父親是我所知道的第一個「死去」的人。我此時其實並沒有將教父或天父上帝跟一個可認知的人結合在一起。他是一個陌生人。他是來自古老南方的一位將軍。我後來問母親，他到哪裡去了？但她說，在教堂街並沒有這樣一個人，沒有來自古老南方的將軍，沒有這樣一間有著圍牆的狹窄花園的房子。她認識教堂街的每個人。

我不接受這個說法，但我找不到位於學院對面的房子；他們正在拆除學院，要蓋新的建築，但無論如何，教父的老房子是在街的另一邊。事情並非如我預期般進行，但我是在後來，很久之後才發現這一點。

樹葉很茂盛。他給我一朵復活節百合花。復活節百合花是在復活節的時間才出現，春天或早春；樹是枝葉茂盛的夏樹。但比這更糟的是，他給了她百合花才一、兩天之後，他又把自己的雪車送給她。那是一部漂亮的雪車，還有雪車鈴。開車的人是園丁。有一張很厚的毛毯。我們駛過沒有人踏過的雪；街上沒有人。

他給了開車的人一則口信。他說，他送這部雪車，是因為這小女孩的緣故。「他什麼時候會再來？」我問我的母親。是冬天？夏天？「為什麼——什麼？」「雪車，當然，他說他會在我想要的任何時候送來，那是給妳和我，還有吉伯特和哈羅德，但他說，是因為我的緣故，我們才能全都坐在他的雪車中。」

我們全都一起裹在毛毯下面。

但不曾有人送給我們一部雪車，我的母親這樣告訴我。

無論如何，季節全都錯了。

在科夫島，有人把兩朵白百合花和一朵紅鬱金香放在我的桌子上。也許是布麗荷。但此事似乎很神祕。我沒有向布麗荷問及此事。我在很久以前就知道，對於神祕的事不要太深入探究。

那個象牙毗濕奴挺直地坐在他的蛇篷中，像是一株野芋或三葉天南星（jack-in-the-pulpit）。

我的祖父是講道壇上的人（jack-in-the-pulpit）[3]，一名牧師或教士。教堂街是我們的街，教堂是我們的教堂。建教堂的人是欽岑多夫伯爵，他把我們的城鎮命名為伯利恆。

人們把事情告訴一個小孩，其他小孩笑這個小孩無知。「但耶穌不是在這裡出生。」

這也許是真的。我們不討論此事。大約四十年之後，我們才面對它。「我不知道我夢到此事，或只是想像，還是我後來想像我夢到它。」「並不要緊，」他說，「無論妳是夢到它，還是想像它，還是妳只是在這個時刻虛構它。我不認為妳會故意偽造妳的發現。重要的是，這顯示出妳的幻想或想像的趨勢。」

他繼續說，「妳誕生在伯利恆嗎？必然的是，基督教的神話……」他停下來。「這不會讓妳覺得被冒犯嗎？」「被冒犯？」「我以神話的語詞談到妳的宗教，」他說。我說，「我怎麼會覺得被冒犯？」「伯利恆是瑪利亞的城鎮，」他說。

# 3.

三月四日

我很冷，而且我發現很難開始。我繼續談到杜雷的畫，〈所羅門的審判〉中死去的嬰兒。我告訴他有關我兩個姊姊的墳墓的事。我不曾認識這兩個姊姊，一個是同父異母的姊姊，與兩個長大的同父異母哥哥艾力克和亞佛雷屬於同一個家庭。他們的母親也在那兒。我們繼續談百合花幻想。他說，那個老年人顯然是上帝。

百合花是天使報喜百合花。我說，是那象牙毗濕奴雕像促使我說出這則軼事。他問及我早期的宗教背景。我說，他們並不嚴格，我們並沒有經常受到懲罰。然而，我記得懲罰所透露的可怕強迫意味或預警。聖經故事中的地獄似乎

3 譯註：Jack-in-the-pulpit 是一種多年生草本植物，學名為 *Arisaema triphyllum*，屬於天南星科。這種植物的花朵結構像是一個站在講道壇（pulpit）上的人，這就是此植物名稱的由來。

是一個真實的地方。但我沒有談到此事。我繼續告訴他我們的聖誕節蠟燭。

「一種氣氛……」他說。

他說，「沒有比點亮的蠟燭更有意義的符徵。妳說記得妳祖父的聖誕夜儀式？女孩和男孩一樣有蠟燭嗎？」他竟然這樣問，似乎很奇怪。

西格蒙特·佛洛伊德從躺椅後面的椅子站起來，走過來站在我身邊。他說，「如果每個小孩都被分到一根蠟燭，就像妳說在妳祖父的聖誕夜儀式中那樣，那麼，上帝慈悲，我們就不再會有問題了……這是所有宗教的核心。」

後來在家裡的床上，我感覺很震憾，很驚恐，因為我想到我想告訴他，或勿寧說我不得不告訴他的所有事情。我想到西格蒙特·佛洛伊德就是小爸爸、老爸爸、祖父。我在半睡狀態中跟自己說話，或勿寧說對教授說話，發現自己正在使用只會對貓或小孩說出的韻律或語言。我女兒的貓叫彼德，女兒告訴我說，「我已在遺囑中把貓留給妳。」

「那是一隻老之又老的貓，」我說，是對教授說，然後我想到，他指示或招呼我從他的等候室進入診間時，手肘急推著，像是鳥翼的生硬拍動。我最近一直看著圓環街外的花園中那些烏鴉或白嘴鴉。

是的，他最輕微的評語和最不顯眼的動作都有一種特別的決定性。他的桌子上有那座雅典娜雕像，就在雙門外面，門從診間通到裡面的書室。就往我房門上方——如果我沒有記錯，那是一座雅典娜的半身像，源自愛倫坡的〈渡鴉〉。他的每句話都隱含一種說出烏鴉之謎的神祕，只不過他似乎是捲縮而不是停棲在躺椅的角落後面，更像一隻老貓頭鷹，神聖的貓頭鷹。

我記得我的父親給我的一項特別禮物：這一次禮物不是來自小爸爸、老爸爸。這個不幸卻迷人的東西，一再從他書架的頂端凝視著我。書架綿延在他的桌子對面的牆上，或者說，沿著沒有被窗戶中斷的所有牆壁上都有書架。想必我確實是英雄的孩子，並且是《英雄的誕生》中的英雄，因為我問他，「我可以要那隻白貓頭鷹嗎？」

那是一隻極大的貓頭鷹，顏色很白，就在一個鐘形玻璃瓶下面，金色或琥珀色大眼睛不會眨。我忽然想起那隻母獅似的小狗約菲的金色毛。如果我的祖父給了我一支點亮的蠟燭，我的父親則給了我一隻雪白貓頭鷹。

是的，這個奇蹟是有一個條件的，就像真實的童話故事中時常出現的情節。是的，這隻貓頭鷹是我的；它永遠是我的，他不會要我還給他。他曾有一天譴責我們當中的一個小孩是「送禮物的印第安人」。有人輕率地送出一袋彈珠、一隻公雞小喇叭（頭部像萬聖節假臉的紙糊公雞），或木偶戲《潘趣與茱迪》中的小丑。雖然木偶分給個人，但「木偶戲」是共同的財產。有的禮物會有問題。「什麼是送禮的印第安人呢？」「是某個人送了一件東西，又要回去。」但他不是送禮的印第安人。我可以保有那隻雪白的貓頭鷹。

但是，還是有一個條件。我已把雪白貓頭鷹的事告訴教授。我告訴他說，有一個條件，然後停頓一下，好像要強調其中的戲劇性。

但也許這是一個古老的把戲。

我還來不及告訴教授之前，他就說，「啊——是的——他把貓頭鷹給了妳，條件是它要待在原來的地方。」

但是，當我躺在這兒，躺在麗晶旅館舒適的床上，我繼續沉迷在幻想中。

我沒有為明天的療程做準備，我只是繼續著今天的療程。一種怪誕的幸運降臨在我身上，一位園丁帶給我一小片仙人掌，要種在一個花盆的小石子和沙中。「不要澆水，就放在外面的陽光中，這樣會長得最好；我有一株巨大的植物，其實是一棵樹，」他告訴我。園丁說，他種了像他帶來給我的這一小片仙人掌，就長出了他的那棵仙人掌樹。我為自己的仙人掌感到很得意，在陽光中把它移來移去。它會長成一棵樹。

它其實不是很好看。

我的三吋長的強韌仙人掌纖維組織開始發亮，它沒有長大，只是綻放一朵巨大的花。它就像一朵紅色的水蓮，花瓣很光滑、很冷，只不過它們應該一直在發亮。嗯，也許它們正在發亮。我認為園丁會很高興。他說，「我有這株植物已經很多年，不曾有開花的跡象。」

它並不好看。

那隻蝴蝶是無與倫比的，但它也不好看。基於某種理由，這隻大蟲選了我的花園土地一片很脆弱的莖作為基地。也許是我們一包包的「便宜種子」

以不良的方式篩選或分類，一些奇怪的異國種子摻進其中。但是，這隻蟲是如何到達那兒的呢？只有一株菸草屬的植物。我拆斷梗莖，把它跟菸草花的葉所剩的部分放在一起，把繭放在我認為會是最安全的地方，也就是我父親書架的頂端。貓頭鷹在一端，另一端是那印第安人頭骨，至少我們稱它為印第安人頭骨。它是我們的父親還是男孩時，在印第安那由他或他的父親所挖起或犂起的。

我知道我在維也納自由廣場麗晶旅館的床上。我知道今天是一九三三年三月四日。我並不確定，但我認為今天是我父親的生日。他從來都不想在我們的房子裡過「生日」。我們的房子似乎每隔兩個星期就慶祝媽媽或老媽媽的生日簿或教科書中的一個節日。我想這天是我父親的生日。他去世時比教授年輕，所以無論如何，讓教授扮演祖父或曾祖的角色也許是更自然的，儘管他是小爸爸或老爸爸。

如果我告訴教授有關仙人掌和蝴蝶的事，他會認為我捏造出其中一則，或兩者。

我說，它不是很好看。雖然我自己連一隻蝴蝶的名稱也不知道，但我跟一些業餘的專家稍微聊過。所孵出來的東西是一隻蛾。它是異國的，很大，簡直跟一隻不太小的鳥一樣大。它在整個書架頂端爬動或振動翅膀，並棲息在我父親還是男孩時，在印第安那由他或我的祖父所挖起或犂起的印第安人頭骨上。

我的父親和我都同意，處理此事的唯一方法就是打開窗戶，希望它會飛出去。

在我手肘旁的小桌子上有一盞床燈。我記得還有一個很討喜的玫瑰色柔軟燈罩。如果我把燈轉開，就會看到綠色窗簾、放著綠色墊子的舒適安樂椅、玻璃桌面的梳妝台，以及那張放著我的書和文件的平常書桌。

我必須很快開燈，因為我的眼睛凝視著黑暗，不知道我是否又越過了門檻。不，仙人掌的事我很確定，蝴蝶的事我不太確定。

我搞錯了蝴蝶的事。我沒有弄破一個沉重的繭，我是把很大的綠色毛毛蟲跟菸草花莖聚集在一起，把莖和幼蟲放在一個厚紙盒。我有在紙盒上開洞嗎？

有什麼地方是可以透氣的。這是我自己的蟲。

在盒子中，置身在新鮮的綠菸草葉以及舊的棕色菸草葉，它織著巨大的繭。

他怎麼從盒子出來呢？我有聽到他在刮擦的聲音嗎？

他有對著盒子振翼或敲擊嗎？

我如何把厚紙盒放到高高的書架上呢？我站在一張椅子爬上去嗎？我不夠高，搆不到頂端書架，站在椅子上也搆不到。

這一切全是我虛構的嗎？是我夢到嗎？如果是我夢到的，我是在四十年前夢到？還是昨夜夢到？

我將那隻綠色大毛毛蟲和開花的菸草聚集在一起。

我弄錯了我父親的生日。我父親的生日是在十一月。

我為什麼說今天，三月四日，是我父親的生日呢？

# 4.

神聖的貓頭鷹！我向他問好，他露出迷人的微笑，臉上起皺，讓我想起D·H·勞倫斯。他曾告訴我說（用法文），拿破崙的母親甚至在兒子名聲如日中天時也會說，「只要能持續下去，那倒還好。」我談到上一次戰爭的最後一年。他說他有理由記得那次瘟疫，因為他失去了最喜歡的女兒。「她在這兒，」他說，讓我看一個墜子似的小盒子，繫在他的錶鍊上。他的女兒在漢堡死於瘟疫，不過她剛出生的嬰兒活了下來。我記得薩克斯醫生談到這個女孩，「美麗的蘇菲。」

美麗的蘇菲死了，她和我在大約同樣的時間生下小孩，那是在一九一九年的春天。我染上同樣的西班牙流感。一般人都知道，縱使在肺炎消失後，孩子和母親也不會都活下來，然而，我卻是奇蹟似的例外。造成最後崩潰的原因並不是嬰孩，也不是我那處於危險狀態的身體。

但要說的事情那麼多。我避開了有關我的悲淒心情的實際細節，告訴教授說，我在哈維洛克．艾利斯位於布利斯頓的公寓看到他時，他對我是多麼好，那是我小孩出生之前看到他的極少數幾次。達芙妮．巴克斯（Daphne Bax）在一九一九年的冬天安排我待在白金漢郡靠近她住處的一間小屋，並曾試圖打消我要見我非常敬仰的哈維洛克．艾利斯的念頭，但我還是寫信給艾利斯醫生。艾利斯夫人一度在白金漢郡有一間房子，靠近達芙妮的住處。達芙妮說，「哦，哈維洛克——不曾有人能見到哈維洛克。他很冷淡、獨特，是一個隱士、一個泰坦[4]、一個巨人。」也許，達芙妮如此自以為是的說詞，更驅使我去接近這位泰坦。我寫信給他後，他回我一封有禮的短箋。下一次我從里斯伯勒王子城旅行到倫敦時，就去見了這位泰坦。他請我喝中國茶，還有一盤鹽漬核桃和花生。房子的藝術家裝潢透露一種意想不到的魅力和真實性。他穿著一件棕色的便服，讓我看他的一些寶物，包括他的船長父親從中國帶回來的佛像，他自己的著名半身雕像的一件複製品，作者是——我忘記是誰了。還有各種簽名照片，照片上的人我不曾見過但聽過，其中的華特．惠特曼（Walt Whitman）從牆上俯視著。還有俄國香菸，而艾利斯醫生以俄國或美國人的方式在茶中加檸檬。我繼續跟教授談著艾利斯醫生對我的影響。我本來預期見到的是冷漠、超然而經常受人批評的科學家，結果我卻發現了藝術家。西格蒙特．佛洛伊德說，「啊，妳把這一切說得那麼美。」

我一九一九年七月和布麗荷到夕利群島時，艾利斯醫生出現在我的幻想中。他知道康沃爾，曾斷續在那裡「隱居」——達芙妮會這麼說——很多年，寫他那有名的幾卷著作。夕利群島位於灣流中，讓我想起地中海。那兒有很大的鳥類，在某些季節以「隱居」的姿態棲息在那兒，有來自熱帶的，也有來自北極的。我就是在此時此地有了布麗荷所謂的「水母」經驗。那兒有棕櫚樹、珊瑚植物、日中花，像水蓮一樣綻放，跟灰色的牆一樣長。那種多纖維的水下葉子以及這些綻放的海花，給人一種彷彿被淹沒的印象。

當我們待在布麗荷找來當我們的書房的小房間時，我感覺有衝動，想要「放開自己」，進入我說過的那種似乎在我上方盤旋著的氣球或潛水鐘。那兒

4 譯註：傳說中曾統治世界的巨人族。

有一個老式的邊櫃，我記得我在想著，「我真的必須要求另一個瓶子，把這些花插進去。」他們已經把一大把野芋像楔子一樣緊緊插進一個大果醬杯中。如果是兩、三根花莖會更有效果，加上幾片矛狀的葉子。壁爐上有一座少不了的藍塞爾（Landseer）〈湖邊的雄鹿〉雕像，此時裝飾著皺邊或扇形紅紙。我嘗試對布麗荷說明此事，並告訴她說，這也許是一種不祥或危險的東西，她說，「不，不，這是我所聽過的最美妙的事。就讓事情發生吧。」

我試著粗略地寫及這次奇特的歷險，即《思想與幻象筆記》。我對布麗荷說明，有第二個圓球體或鐘形玻璃瓶好像從我腳部出現。我被圍了起來。我感覺自己很安全，卻好像透過水在觀看東西。我感覺雙球體來回移動。我本來可以立刻把它排除掉。如果我單獨一人，也許會這樣做。但我想像著，如果我單獨一人，就不會發生這件事。我跟布麗荷在一起時才會投射這種幻想。我一直在想著，這對於哈維洛克．艾利斯醫生而言會是一份有趣的心理學資料。

我回到倫敦後，把我的筆記《思想與幻象筆記》寄給艾利斯醫生。我以為他會很感興趣。但他似乎沒有表示共鳴，或者他並不了解，或者他可能認為那是一種象徵危險的信號。

艾利斯醫生不了解，但教授完全了解。

我要離開時，教授問我，「妳孤獨嗎？」我說，「哦，不。」

不，我不孤獨。有博物館、美術館，又可以到城市公園散步，造訪古老的教堂。我匆匆寫著筆記，翻閱從倫敦和美國寄來的雜誌和書。直到我回到床上，我才想起，我沒有把昨夜睡覺前很掛念的毛毛蟲故事告訴教授。此時，我必須再度把那圖像組合起來。

我是在哪兒停了下來？什麼地方出現了問題。現在我記起了，有幾個問題。首先，我把父親的生日弄錯了。為何用三月取代十一月，但四日是正確的；是的，我確定十一月四日是我父親的生日。

那隻毛毛蟲呢？不，它不會用翅膀在盒子裡面刮擦和敲擊，因為當它織出外殼時，我確定會把盒子完全打開。為何是這個盒子和盒蓋呢？教授的等候室中有那幅很可怕的舊版畫〈活埋〉。

想必是我有一天取了新鮮的葉子，發現織好的護鞘。但一隻毛毛蟲要多久的時間才會織出精緻的衣服呢？為何我忘了那毛毛蟲？為何我又記起呢？

我很不喜歡的最後那本書就放在我的桌子上。是從倫敦寄過來的，另一個狂熱的女人寫出了有關D．H．勞倫斯的故事。勞倫斯？他死的時候是三月。

然後我把D．H．勞倫斯去世的日子記成是我父親的生日。

## 5.

三月五日

我在開始時已說過，我只想說出故事，就像那位古舟子，但他不知道或假裝不知道那首詩。我將古舟子和聖經連在一起，因為一位叔叔有一本杜雷的插畫版聖經，我們把它平放在祖母的房子地板上，就像我們還不會閱讀聖經之前把我們自己的插畫版聖經平放在家中的地板。我自己把愛倫坡和柯立芝（Coleridge）[5]連結在一起，因為他們兩人都被指控為毒品成癮者；愛倫坡以他的〈麗諾爾〉和〈亞瑟府的沒落〉聞名，柯立芝則以他的〈仙那度〉、〈忽必烈汗〉聞名。我十五歲在費城西部高登小姐的學校遭受公開譴責，因為我堅決指出埃德加・愛倫坡是我最喜愛的美國作家。即使匹徹小姐在那樣的年紀，也對我的文學抱負有所鼓勵，但她卻告訴我說，愛倫坡並不是好的榜樣，他是「不健全的、病態的」。

今天，我躺在有名的精神分析躺椅上，感覺到蒸發中的冰冷薄荷感，一種乙醚，放置在我「病態」的額頭上。現在無論我的幻想把我帶到什麼地方，我都有一個中心，感到安全，有了目標。我在這個神祕的獅穴或阿拉丁的寶物洞穴中，被聚集於中心，或被重訂方位。

我被搶救、被拯救。我像那位舟子一樣遭遇到船難，已經感覺到來自那間隱士教堂的鐘聲。也有波特萊爾（Baudelaire）以及他的《惡之華》，但西格蒙特・佛洛伊德之中並沒有惡。你的父親棲息在整整五噚深的水下，他的骨頭

5 譯註：英國十九世紀浪漫詩人，〈古舟子詠〉一詩作者。

是珊瑚製成，眼睛是珍珠，每個褪色的部分都經歷極大的變化，成為豐富和奇異的東西，我在一次意義深長的暫停中低聲說話，同時，芳香的雪茄煙在我上方飄動，從我頭部後面的角落飄過來。

我們是心靈的珊瑚水螅嗎？我們彼此築基在對方身上嗎？我在夕利群島（置身於水下），伸出了一根觸鬚嗎？我是死於我的水螅形態中？將留下一個水螅的珊瑚骷髏？跟無數珊瑚珠串或整個珊瑚島混合在一起？我的心靈經驗是水下的經驗。

我必須記得把諾曼．道格拉斯（Norman Douglas）針對哈維洛克．艾利斯的那句格言告訴西格蒙特．佛洛伊德，「他是一隻眼睛位在盲人國度中的人。」

我今天不想談話。我正要漂出去，到海中。但我知道我是安全的，能夠在任何時刻回到大地。是的，昨夜做了一個夢，但細節太複雜。我夢到我把我的書《赫狄勒斯》（*Hedylus*）送給我於一九二〇年春在前往雅典的船上遇見的彼德．凡．爾克（Peter Van Eck）。我必須把有關這本書的事告訴佛洛伊德，包括在《墨勒阿格的花環》中所提到的亞歷山卓詩人赫狄勒斯和他的母親赫狄蕾。

我必須告訴他說，布麗荷出現在這個夢中，在一個萬聖節派對中化裝成一隻黑貓，這隻貓事實上就是我的女兒說她在遺囑中留給我的彼德。長鞋中的貓咪？

不，我不可能告訴他有關《赫狄勒斯》的事。我告訴了他什麼呢？我並沒有告訴他那毛毛蟲的事，這是確定的。

我對於那最後一本有關勞倫斯的書很氣惱，但這本書卻提供了那個日期。那是三月二日，離四日不遠，而且二乘二等於四。我們會奠定一個正方形的基礎嗎？

為何要奠定一個基礎呢？

這麼說並不公平，但我幾乎無法應付勞倫斯的那些大部頭小說。這些小說似乎沒有透露真實的意味。也就是說，我對於它們之中的狂熱情緒並不敏感。

它們之中？或者在狂女的合唱中？我不喜歡最後那本書。我不喜歡他去世之後所出現的任何一本書。這些書知道了有關勞倫斯的什麼呢？

我應該跟教授談勞倫斯，但我特別生氣勞倫斯很傲慢地提到精神分析，暗指或明指教授本人。

《死而復生的人》（*The Man Who Died*）？

我不記得它，我沒有想到它。不過，這是有關他的哲學的一種重新敘述，但出現得太晚了。

我不是那個意思。

我已經很小心避免與勞倫斯妥協，寫《戀愛中的女人》（*Women in Love*）和《查泰萊夫人》（*Lady Chatterley*）的勞倫斯。

但是，就是有這個最後的勞倫斯。

他不接受西格蒙特．佛洛伊德，或者他在他的文章中這樣暗示。

我不想要想到勞倫斯。

「我希望永遠不要再見到妳，」他在那最後一封信中寫道。

然後，在勞倫斯死後，史蒂芬・格斯特（Stephen Guest）把那本書帶來給我，說道，「勞倫斯為妳寫這本書。」

勞倫斯被監禁在他的墳墓中；就像那幅掛在等候室中的版畫，他被「活埋」了。

我們全都被活埋了。

我把床燈關掉時，那故事自動回來了。

我似乎無法在白天面對那故事。

是的，那可真討人厭。我可以看到它在扭動著。「它只是一隻毛毛蟲。」也許我還無法真心說話。我坐在陽台上離一張娃娃椅一步遠的地方。我俯視著寬闊的木頭階梯。有我們所謂的葡萄藤以及葉子的陰影。它們蹲踞在葡萄棚架下面。我可以尖叫，我可以哭喊。那不是內心可以了解的事。他們正在把鹽放在毛毛蟲身上，毛毛蟲扭動著，它的身體很大，像顯微鏡下所看到的東西，或者是隱約出現，以後成為一種薄膜似的抽象。

不，我怎麼可以談到受折磨的蟲？我一直在咖啡店翻閱報紙，報紙有新奇的殘暴故事。我不能談及我實際上掛念的事，我不能在一九三三年的維也納與西格蒙特．佛洛伊德談論柏林對猶太人的暴行。

三月六日，星期一

我夢到嬌安和桃樂絲在吵架。嬌安擁有我的一些盒子和寶石盒：她把我夢中的寶物視為共同的財產，把它們展示在一張桌子上。我很生氣她隨意占有我個人的東西。我拿起一個有紅天鵝絨條紋的盒子（其實是布麗荷在佛羅倫斯為我找到的東西），很激情地說道，「妳什麼都不了解嗎？」嬌安是個子很高的女孩，我們以勢均力敵的姿態站著，彼此挑戰著對方。我說，「妳難道不了解嗎？我的母親給了我這個盒子。」我把這個有紅天鵝絨條紋的紅皮佛羅倫斯盒子壓住我心臟。其實就生理上而言，我的心臟負擔過重，因強烈的激情而狂跳著。

我記起D．H．勞倫斯的鳳凰符徵，也想到教授是一隻貓頭鷹、禿鷹或人面獅身蛾。這些是否代表著神聖母雞把它的小雞聚集在一起？

我的女兒在三月的最後一天出生，就像《冬天的故事》中所說的，那時水仙花在燕子還不敢出現之前就現身了。理查[6]帶給我很多水仙花，是英國的水仙花。

我一直在閱讀詹姆士・金斯（James Jeans）的《星星的行程》（*Stars in Their Courses*），想起我強烈的失望，當時一個善意的叔叔叫我到育兒室的窗旁。「看啊，」他說，「天空中有熊。」我在結霜的冬天窗戶旁眨著眼。我在幼稚園時曾看到霜花，像星星一樣，當時很滿足。但此時有另一種驚奇。我注視著、眨著眼，但卻看不到熊。我把此事告訴薩克斯醫生，他說，「這麼小的一個小孩幾乎無法表達這樣一種失望。」也許我以很拙劣的方式說明此事。我很震驚，我的叔叔竟然欺騙我。沒錯，一個很小的小孩會感覺到傷心或惡作劇，感覺到一個大人在耍詐。我不知道我期望在那兒看到什麼種類的「熊」，但白熊、一隻北極熊、一隻雪熊並非不可能，因為曾有（並且我也知道）聖誕

6 譯註：即作者的丈夫理查・亞丁頓（Richard Aldington），英國作家，一九一二年與作者結婚。

老人在聖誕夜駕著馴鹿飛越我們城鎮的屋頂。我們當然沒有看到他，因為他喜歡祕密地送給我們禮物。但這位叔叔告訴我說，熊在那兒，還說會讓我看它的照片。

教授此時已為我找到一張厚毯子，躺在躺椅上時可蓋住身體。當我告訴他有關動物的發現，以及童話的聯想，他總是似乎很感興趣。至少，欺騙我的不是我的父親。教授說，我沒有像青少年時代的女孩通常會做的那樣，表現出慣常的「從母親傳移到父親」的行為。他說，他認為我的父親是個冷淡的人。

但我們的父親有一天晚上帶我們到外面的雪地，買給我們一箱動物。之後他把動物分配好，就像我們分配《潘趣與茱迪》木偶劇中的木偶一樣。我們三個人對於木偶或後來對於動物的選擇似乎沒有衝突過。我的哥哥當然拿了象，我拿了大角鹿，小男孩拿了北極熊。我本來應該喜歡熊，但我們按照年紀的順序選第一件東西，然後選第二件東西。我不記得我們所選的第二件以及第三件東西。

大男孩當然拿了潘趣，我拿了茱迪，小男孩喜愛小丑。這樣倒沒有問題。

然後，吉伯特當然拿了警察，我拿了小官吏，小男孩拿了——確實還有另一個木偶，我知道情況很順利。我記不起第六個木偶——或者，我們妥協了，給了他狗兒托比？

教授先寫信給我說，他會準備在「明年的一月或二月」見我。現在是明年了，但我們決定等，因為他說，他擔心「北極熊天氣」會讓我很不安。我記得我寫信給他說，我想在三月去，不管天氣如何。是的，我是三月在倫敦聽到美國傳來父親去世的消息，只不過他想必是在二月去世的。我的母親也是在三月去世，不過是在八年後。一九二七年春天的第一天，消息傳到泰里特（Territet）我所在的黎安特城堡；她曾跟我們一起待在那兒。

我躺在這張躺椅上，再度感覺到一種磷光在我的額頭上蒸發，我幾乎可以吸入這種安慰劑，這種乙醚。

我有想到解除痛苦後的快樂，有想到針對我女兒所預測的幸運吉兆嗎？——我的女兒在春分出生，就在太陽運行到最高點的正午。

她的命星的高點確實為我帶來了幸運。

我跟教授談到其中一些事情。我無法以邏輯或教科書的方式描述我們談話的生動內容，並將它們分類。那是「一種氣氛……」，就像他談及我的祖父時所說的。

我不知道我為何挑選嬌安和桃樂絲這兩個在倫敦的忠心朋友。也就是說，她們是彼此忠心的；我跟他們其實只是普通朋友。我把她們跟我的阿姨聯想在一起嗎？可憐的阿姨蘿拉到瑞士拜訪我們時，我的母親告訴她說，她可以擁有她所有的衣服，她聽了之後是那麼快樂。嬌安和桃樂絲是我母親的愛的代替者、競爭者。她們是誰並不重要。我們在佛羅倫斯時也是在一起。我的樸實珠寶對我而言是很珍貴的，因為它們讓我產生聯想。這些珠寶包括一串煙色青玉或星狀青玉，以及一個手鐲（源自切利尼一度在其中當優秀銀匠的一家店），還有一些皮製的書框，和陶赫尼茨版本的舊平裝書，以裝飾著紅百合圖案的羊皮紙重新裝訂。

當我轉熄床燈時，我認為我可能在那兒見到勞倫斯。

三月七日

我夢到了留著白鬍子的哈維洛克・艾利斯。我們曾一度談到當時所謂的酒館或酒吧。我們繼續這樣談著。我不記得最後談到了什麼，但他談到「門」。我在夢中最後想著，「他已忘記我是女人，是不會進入酒吧或酒館的——男人顯然會在他們之間像這樣討論各種酒吧和酒吧的門。」但卻是哈維洛克・艾利斯在床上撐著身體，扮演病人或接受精神分析者的角色，而我則坐在他身邊，成為他的精神分析師。

然後，哈維洛克・艾利斯取代教授的位子，成為精神分析師，但我躺靠在躺椅上，想著，「哈維洛克・艾利斯會很厭倦，他並不是真的喜歡精神分析，也不是真的對精神分析有多了解。我怎麼可能期望他對我感興趣，或了解我？」然後，我們似乎以一種平常的方式繼續談話。他想要找到一位「腔調完美的法國女孩」。我說，「我女兒腔調很完美。」我夢醒時，知道有人在敲門，一封信被推到我的門下。

我很驚恐，我不想對教授提到血。我打開前門，跑出去歡迎在黑暗中的父親，發現他的頭在滴血……這是我們從伯利恆搬到費城外的弗勞爾觀測站（Flower Observatory）不久之後。父親發生意外的原因一直是神祕的事。他可能是失足跌落舊式的蒸氣電車，或者可能是地區火車的車頭發生逆燃現象而爆炸。我們有幾天的時間不准看我們的父親。我們唯恐他可能死了。當我們最後進入他的房間時，他的身體被撐了起來，就像我在夢中想像哈維洛克·艾利斯的樣子，但他的頭髮和鬍子已變白。那是另一個父親，像蠟那樣蒼白，像幽靈。

我想我那時是十歲。我「忘記」了此事，一直到我開始與查德威克小姐一起工作。

我已「忘記」我父親的意外事件達三十五年之久了。

我試圖以超然的態度勾勒出三個孩子發現父親的故事。我緩和我對死亡的恐懼，說道，「我們偷聽到父親在天文台的一個助手伊凡斯先生說，原因是腦震盪。」教授手一揮，排除了此事。「不可能是腦震盪，」他說。我不知道他是試著免除我的痛苦，還是他認為我以某種方式強行做了這種陳述。西格蒙特・佛洛伊德在我們下一次的療程中說，他「從徵象」中看出我不想被分析。

我在一間藝品店看到一幅畫著他的美麗蝕刻畫，掛在圓環上。今天，我去訂了這幅畫的一份複製品。

我今天生病、發抖、氣餒、失落。

我覺得我應該討論我父親的意外事件，以及發現這次耽擱很久的隱藏震撼的經過。

是的，沒錯，他想必「從徵象」中看到我心中的衝突。

我怎麼可能告訴他經常預見災難？

一次不成功或「延遲」的心理分析，勝過公開展示我對於潛在的納粹威脅的真實恐懼。

是的，我被「活埋」了。

這就是我的思緒回到勞倫斯的原因嗎？

我只記得他所寫的那最後一本書。《死而復生的人》被活埋了。

三月八日，星期三

我夢到沒有鬍子的D．H．勞倫斯的照片。我有一張我的父親這種樣子的照片，那是他十六或十七歲，還沒有跟他的哥哥去參戰時的照片。這兩個兄弟也有銀版照相的照片，是他們稍微年輕時所照的。哥哥迷人多了。但我仔細看看弟弟的銀版反光表面，然後反看我自己。

我在一九一四年八月第一次遇見勞倫斯，那是戰爭實際上爆發的時間；他穿著晚禮服，看起來高一點。那是我唯一一次看到勞倫斯沒有鬍子的樣子。理查．亞丁頓（Richard Aldingten）後來說，勞倫斯看起來像一位穿便服的軍人。

在我的夢中出現一位衣著整齊的「職業」女性，跟勞倫斯在一起，還有一群小孩。這位「職業」女性是秘書一類的人嗎？我曾有短時間當我父親的秘書。

勞倫斯有一度是學校教師，而我一直渴望教書。這個夢中的「班級」或家庭中的那些孩子個子大小不一；他們站在勞倫斯和年輕女人後面，圍著一台鋼琴。

我的母親一度在古老的神學院教音樂和繪畫。孩子們溶進一張畫，畫中有很多張滿帆的模型船。哈維洛克．艾利斯的父親是一位船長，我父親的一本教科書是《應用於航海的實務天文學》。

我想著，「當然了，在英國，這些孩子會擁有所有那些船。」但我在夢中從一個書架取出勞倫斯的一本小說。我打開它，很失望，說道，「他的心理學是廢話。」

我羨慕那些寫D．H．勞倫斯回憶錄的女人，感覺到她們發現他是嚮導或大師那一類的人。我羨慕布麗荷對於精神分析師漢斯．薩克斯醫生的英雄崇拜。我不會對西格蒙特．佛洛伊德感到失望，只是我一直執著於一件事：精神分析會被死亡中斷。我無法跟教授討論這一點。他第一次跟我致意時，我想起了勞倫斯。

今天我走進診間時，教授對我說，「我剛剛在想著妳說的話，就是不值得愛一個七十七歲的男人。」我並沒有說這樣的話，所以就如實告訴他。他露出反諷、不誠實的微笑。我說，「我沒有說不值得，我說我唯恐。」

但他令我感到錯亂。他說，「在分析中，人在分析結束時就死了。」哪一個人？他說，「我是七十七歲還是四十七歲，那並不重要。」我現在記起，我下個生日將是四十七歲。我生日那一天，就在那一天，勞倫斯會是四十七歲。教授曾說，「在分析中，人在分析結束時就死了——就像妳的父親那樣死了。」

我記得諾曼．道格拉斯說，「就在我們全都結束這件耶穌基督的事情時，請相信會有另一個猶太人出現，攪亂我們所有的精打細算。」

今年中有一天，H．D和D．H．勞倫斯是雙胞胎。但我是在他去世後，才真正體認到這一點。他出生於一八八五年九月十一日：我出生於一八八六年九月十日。

史蒂芬．格斯特為我帶來一本《死而復生的人》。他說，「妳知道妳在這本書中是伊西斯（Isis）[7]的女祭司嗎？」

如果史蒂芬沒有為我帶來這本書，也許我就不會讀它。其實，我最初很可能微微感到惱怒。我曾告訴朋友說我想寫一本書，而且確實寫了。我稱此書為《比拉多的妻子》（*Pilate's Wife*）。敘述的故事是，受傷但卻活著的基督在岩石墓穴中醒過來。我確定我的朋友們告訴勞倫斯說，我在寫這個主題。我突然出現的第一個反應是，「現在他已取走了我的故事。」

這不是我獨有的故事。還有其他人也寫了這個故事，包括喬治．摩爾（George Moore）。基督沒有死在十字架上，這本來就是古老神話和傳統。

三月八日，下午三點十五分

---

7 譯註：埃及神話中司生殖的女神。

我跟教授在一起的第一個星期，始於三月一日星期三，那是一九三三年三月一個神聖的日子，「聖灰日」。

布麗荷安排了三個月十二個星期。所以，如果以鐘的針面來衡量，我已經從XII移到I。或者，我應該說，如果算小時而不是分鐘，我想我已經從I移到II。這是我跟西格蒙特．佛洛伊德在一起的第二個星期。

我專注在分鐘上，專注在這些小時的細節上。

現在是三月，是占星術的「悲愁之宮」，傳統上是「十字架釘刑之宮」。但占星術的月份與月曆月份並非完全一致。每個月曆月份的最後一週都大約與占星術的新月份重疊，或以它為開始。所以，三月的結尾有時與精神上的春分——復活——偶合。

我的父親研究或觀察地球繞著太陽旋轉的軌道變化，即他所謂的緯度變化。他花了三十年的時間在這個問題上，在埃及的托勒密所繪製的地圖上增加了一個圖表。教授持續使用托勒密的祖先們所繪製的圖表。

有人說這個宮為「雙魚座」或「雙魚宮」、「祕密敵人之宮」，但我看到有人稱它為「神祕之宮」。

但我們不能談占星術。我的父親和西格蒙特．佛洛伊德至少在這方面意見一致。無論如此，不管他們，或者為了惱怒他們，我發現「天上的雙胞胎」白羊座和金牛座有迷人的相似之處。當然，我們還有狗兒約菲這個獅子。

我們有其他細節，即他桌子上的形像，包括太陽歐西里斯（Osiris）[8]在運行過天空時的十二顯像，以及他給我——他的同伴——看的伊西斯銅像。

在古老的童話故事中，歐西里斯和伊西斯是雙胞胎。

我的發現對我而言是很重要的，並且透露一種氣氛。

我小時候還不太會走路時，就能辨認時間了。在我還沒有學會辨識字母時，我就認得鐘面上的字母了。

我的保姆會派我去看時間。樓梯平台上有老式落地鐘。但我確實能夠走到那兒嗎？也許滑下淺梯比較容易或比較愉快，因為我似乎經常是從地板仰望鐘

8 譯註：古埃及的主神之一，司生殖的女神伊西斯之夫。

面。是的，我是能夠走的。我帶著我的發現回到育兒室。「短針在V。」我無法同時記得兩支針的位置，不然就是我想要有新的冒險。長針會讓我很忙。「它現在在I，它現在是在II，」或者在更後來，「它快要到X了。」

所以我又回到神祕之中，個人的童年是種族的童年，我們的教授這樣寫。

## 6.

我的同父異母哥哥艾力克和我的父親談到不同次元中的時間，平均太陽時或恆星時（不管那是什麼），以及我無法記得名字的另一種時間。我對「數目」的興趣在我的父親發生意外時受到了抑制。儘管我記不得意外事件，但我卻記得長除法曾讓我感到困難，或者說它在我快樂和最不快樂的上學日子之間築起了一道牆。很重要的是，我的同父異母哥哥大約在此時來跟我們同住。他通常是以那位「年輕的教授」為人所知。是艾力克幫助我克服我對長除法的「抗拒」。他為我帶來一本《簡愛》和一本有原始插圖的《小婦人》。那小婦人穿著鐘形裙，在神學院的古老圖書中的這種裙子，曾讓我很著迷。

我不知道我在何處或如何真正做了這種傳移。但今日的傳移或昨日的傳移，明確地顯示在那瓶小小的綠色嗅鹽。我在手提包中帶著這瓶嗅鹽，結果「意外地」掉到教授的地毯上，或留在躺椅的枕頭下面。我沒有問教授他在何處發現了那個小瓶子。他的模樣是虛假的得意，表現在他把瓶子還給我時所說的話，「啊——妳忘記了這個。」他知道我知道「遺失」的雨傘象徵什麼。

既然這種傳移為我們兩人所了解，我就繼續談及勞倫斯。教授說，勞倫斯有一本書的結尾讓他印象深刻。我沒有問他是哪一本書。教授說，勞倫斯讓他印象深刻的是，「他感到不滿足，但卻是一個擁有真正力量的人。」

佛洛伊德說，每種發現總是有很多解釋，有兩個或多種的解釋。在詮釋我自己的夢時，他說，我展現出來的精神分析知識，遠多於他對我所期待的。他說，我看錶是意味著我很無聊，想要結束療程，他這樣說，也許是要我反駁他。他說，我可能對生命不耐煩，甚至希望他死去，如此避免做精神分析，但我不認為他要表達的是他的話的字面意義。或者，他是為了要我反駁這一點嗎？我應該說什麼呢？

康沃爾的那間小屋中有那些雕像。沿著一間空房間的壁爐有一排這樣的雕像。房子只裝潢了一部分。我於一九一八年三月去那兒，是D．H．勞倫斯告訴了我這間老房子，房子叫羅希格蘭（Rosigran）。勞倫斯說房子鬧鬼。我怕鬼嗎？我說我不曾遇到鬼。

這裡另一個房間的桌子上排成半圓形的東西當中，有同樣或多多少少相同的形像，包括歐西里斯、伊西斯。也許我怕鬼。但當教授說「也許妳不快樂」時，我沒有話語可以解釋。我很難對我自己解釋，或者我很難找到字語草草寫在我的筆記本上。這不是快樂的問題——就「快樂」一詞的平常意義而言。這是追求過程中的快樂。

我位於我父親的科學和我母親的藝術所交會的亮光的邊緣——西格蒙特．佛洛伊德的心理學或哲學。

我必須發現新的字語，就像教授發現或創造新的字語，來說明某些還未被人所記錄的心智狀態或實存狀態。

他確實是浮士德。

我們從所謂的科學撤退，往後或往前進入煉金術之中。他說，我對他不耐煩。他轉動著手指上一個沉重的圖章戒指。

我說我不能失去他，我在還沒有遇見他之前就已經擁有他的書，我離開維也納時會再擁有它們。至於還沒有計算的「時間」，有一則計算公式。

## 7.

三月九日

我夢到一座大教堂。我幾乎每天都穿過聖斯德望主教座堂，我在一家咖啡店的畫報上看到一些夏特（Chartres）[9]的照片吸引了我。在這個夢中，有兩個男孩跟我在一起，年紀較大的男孩帶著我到處看，我感覺年紀較小的男孩是

9 譯註：法國中北部的一座城市，以哥德式教堂而聞名。

多餘的。基於某種理由，我給了年紀較大的男孩小費，我也必須給年紀較小的男孩什麼東西。這讓我很氣惱。（前天我為了給旅館的兩個侍者正確的小費而掛心。）

我似乎已失去了那個大男孩，所以我在懊悔中霸占了較小的男孩。是我的兩個兄弟嗎？或者是我的父親和他那迷人的哥哥嗎？我的哥哥和我父親的哥哥都在戰爭中喪命了。

我無法認出夢中的男孩是旅館的侍者。他們是幽靈。也就是說，他們是彼此或其他人的「替身」。當幽靈以兄弟或伯父－父親的身分現形時，無疑會看出他們又在代替別人。或者勿寧說，如果我們追尋夢的內容，則中間的幽靈一旦顯形，會被看出是兄弟之間或伯父－父親之間的一個梯階。我們全是鬧鬼的房子。

大教堂確實是最重要的。在大教堂裡面，我們發現再生或重建。這個房間是大教堂。

教授說，「但妳很聰明。」並不是我很聰明。我只是把他自己的一些發現應用在我個人的見解上。房子是家，房子是大教堂。他說，他想讓我在這兒感覺像是在家。

以一種難以描述的方式來說，房子取決於父親－母親。在統合或再生的關鍵點上，競爭性的忠心是沒有衝突的。教授的環境和所關心的事物似乎是源自我的母親，而不是源自我的父親。然而，如果說「傳移」是指向佛洛伊德之為母親，那並不能完全讓我滿足。他說，「而且，我必須告訴妳（妳對我坦誠，我也將會對妳坦誠），我不喜歡在傳移中成為母親——這總是會讓我有點驚奇和震驚。我感覺那麼有男性氣概。」我問他，別人是否有過他所謂針對他的這種「母親傳移」。他語帶反諷，而我認為他有點渴望地說，「哦，非常多。」

但現在他說，他要給我看一個小小的新玩具。他很喜歡他從前的學生送給他的一個科普特（Coptic）[10]泥像。這個小形像像極了小狗約菲。約菲跟平

10 譯註：科普特人是非洲北部信仰基督宗教的本土民族宗教群體，自古以來居住在今埃及和蘇丹一帶。

常一樣坐在地板上，像標記、像紋章。這個小小的泥狗看起來像約菲，我禁不住想著，贈送者不知是否注意到，那個放在躺椅對面架子上的伊特拉斯坎人形像，有著尖尖的鬍鬚和淺雕的微笑，和我們的教授極為相像。

今天，在那張著名的桌子上出現了紅色的鬱金香。桌子上有那形成一排或半圓形的東西，包括歐西里斯、伊西斯、雅典娜等，而象牙毗濕奴則位於中間。

教授已經進入另一個房間去找另一隻狗給我看。他帶來一隻破木狗，是源自埃及一個墓穴的玩具。

我告訴他說，我所記得的唯一一隻埃及狗，是羅浮宮的那一隻；旗子上的那隻胡狼是一隻狗嗎？我所記得的唯一一隻埃及狗，完全像他的女兒安娜的那隻狗吳爾夫。

是的（我重複說），我夢中的大教堂是西格蒙特·佛洛伊德。「不，」他說，「不是我——而是精神分析。」

那是「一種氣氛……」，就像他在談到我的祖父時所說的。涉及內在或外在動機的侏儒或怪形滴水嘴、哥德式的龍、鳥、獸和魚，以及聖者和英雄的形像，全都有其複製品或其「幽靈」在這個房間或這兩個房間中。

三月十日

我已談到我對哈維洛克．艾利斯的失望。關於布麗荷於一九一九年七月帶我到夕利群島時，我在島上的經驗，他並不感興趣。我在寫我的《思想與幻象筆記》的期間，幻見到艾利斯醫生是一位學者，也是一位聖者，這確實讓我很震驚。教授說，他一直想知道，為何一個處於這種地位且不受外界評論影響的人，竟然花費那麼多的精力在性方面的膚淺文獻上。教授說，他從我的反應中感覺到，他自己的見解並非不公正。他說，他感到很困惑。「他記錄了那麼多有趣的事情，是人們做了但卻似乎不想知道**為何**而做的事情。妳知道，我有點**失去**對他的了解，但我一直認為他的《性心理學》有點不成熟。」

我夢到了我那小瓶嗅鹽，那是洩露祕密的傳移之象徵。在夢中，我正在打字機上**撒鹽**。所以，我認為我會用大地的鹽——西格蒙特．佛洛伊德最不重要的言詞——撒在我無味的作品上。

我已嘗試寫出故事或小說，有關我的戰爭經驗，有關我的第一個死產的孩子，有關我的第二個孩子，她很幸運出生了，正逢獅子座在春分時升起，太陽進入白羊座或牡羊宮。我已重寫這個故事以及其他「代替」它的故事，就像《比拉多的妻子》和《赫狄勒斯》的情況。這兩部作品都屬於歷史或古典的重建。《赫狄勒斯》跟《赫利多拉》（*Heliodora*）和《重寫之書》（*Palimpsest*）出版後的情況一樣，都是常見的叫好不叫座；前者是一部篇幅很小的詩集，後者是以很鬆散的方式寫成的長篇幅短篇故事。我也認為，最近的那一本《紅薔赤銅》（*Red Roses for Bronze*）並不完全令人滿意。我不曾完全滿意我的任何一本書，無論出版的或沒有出版的。

那些似乎不重要的事情會占據優先的地位。我記得教授曾說，精神分析結束之前，你都不會知道什麼事重要，什麼事不重要。就我對夏特市的記憶而言，我想起在同一份報紙上的一張插圖，是生日派對中的一個小孩。那不是一張吸引人的圖，小孩在狼吞虎嚥一塊奶油蛋糕，奶油溢出來，沾到他的衣服或圍兜。但現在的孩子不再圍圍兜了，是嗎？生日的記憶重新湧現。

我的書不是死產，而是誕生於超然的智力。有人說《赫狄勒斯》是「幻覺寫作」。

然而，如果我變得更「人性」，就似乎會失去我的方向感或我的散文風格。詩是另一回事。是的，詩令人滿意，但我不像我所認識的大部分詩人（我認識很多詩人），一旦一首詩寫成、投射出來或具體化了，我就對它不再感興趣。我會感覺到，它只是我自己的一個部分。

也許這有部分是要歸因於我失去了我在倫敦最初寫作時期的同伴，你可以說，我的「成功」微不足道，又很專門化。我對於教授的一本書感到很氣惱。他說（就我記憶所及），就創造性而言，女人微不足道，或沒有多大的分量——除非她有一個與她們相埒的男人，或一個男性伴侶，從他身上汲取靈感。也許他說對了，而我夢到我在打字機上「撒鹽」——洩露祕密的傳移象徵——進一步證明他的絕對正確性。

主要的同伴有兩位，就像大教堂的夢。理查．亞丁頓和D．H．勞倫斯兩人似乎都喜歡我的作品。但我與亞丁頓分離，很不快樂，而我在那時又不可能持續與勞倫斯之間的友誼。

但勞倫斯死後回歸，只見我沒有勇氣或力量充分體認到這一點。勞倫斯隨著《死而復生的人》一書而回來了。無論他在那本書中是不是意在讓我成為伊西斯的女祭司，都不會改變一個事實，即他的最後這本書讓我與他妥協了。伊西斯沒有了歐西里斯就不會完整，茱迪沒有了潘趣就沒有意義。

我確定，在布魯姆斯伯里的塔維斯托克廣場與瑪麗・查德威克一起工作的最初三個月中，我不曾提到勞倫斯。我感覺到，查德威克小姐無法了解我的創造性心智的運作。我一九三一年冬天在柏林跟漢斯・薩克斯醫生談到此事，他同意我最好持續這個工作；如果可能的話，跟一個男人，最好是比我優秀的男人，一起持續這個工作。「教授？」他問我。當然，如果教授接受我，我願意跟他一起工作。

很奇怪，我在幻想中想到一隻老虎。我自己是一隻老虎嗎？這隻老虎可能跳出來。如果它攻擊脆弱又纖瘦的老教授呢？我擔心我自己對於現今情況的恐懼嗎？這隻潛藏的「獸」可能毀了他嗎？我提到這隻老虎，視之為過去的育兒室幻想。如果它真的具體化呢？教授說，「我有保護者。」

他指的是約菲，那隻蜷伏在他腳旁的小獅子狗。

保護者？

我記起一九一四年八月四日在白金漢宮外面的暴動情景。

三月十一日，上午九點十分

我夢到一面舊鏡子。原來的鏡子鑲著天鵝絨，上面畫著黃菊小花枝。我特別讚賞我母親的這件早期創作，但是我們從伯利恆搬走時，這面鏡子已從樓下移除，掛在費城外弗勞爾觀測站的房子樓上一個小房間。在我的夢中，這面消失很久的鏡子重新出現在泰里特的黎安特城堡我們的公寓中，我的母親在一九二〇年代曾跟我們一起待在那兒。這面鏡子讓我很快樂，我的母親把它從美國帶來，讓我很感動。

我重新檢視這面鏡子，上面畫有其他的花，但我只記得水仙花

（narcissus），也許跟愛上池中自己的映影的納西瑟斯（Narcissus）[11]有所聯結。

也許，我上一次所寫到的書太自我中心或太「自戀」，無法滿足我的內心。我想要熔合或滲透我母親的藝術。雖然她拋棄了畫著真實的黃菊小花枝的天鵝絨以及其他同時期的寶物，但達文西和杜雷的畫現在卻無法像她那套「婚禮盤子」上的蘋果花、雛菊、藍鈴花、野玫瑰那樣激起直透內心深處的景仰之情。沒有錯，有一個碗是她從德勒斯登帶回來的，是度蜜月時帶回來的，上面畫著鬱金香和其他的花，我幾乎同樣讚賞。

問題就在這裡。要拋棄過時的東西是很容易的。我們的評斷能力能夠指引我們，但不容易的是，既要有評斷能力，同時又要重新捕捉那毫不保留發著亮光的火焰。

亮光在夢中回歸。我很樂於回顧我的夢，寫下關於它們的筆記。為了持續這個最後的夢，佛蘭西絲．約瑟發出現了；她跟她母親在一九一一年夏天跟我同船，那是我（也是她們）的第一次歐洲之行。她比我大幾歲，我們在當時被認為是姊妹。佛蘭西絲找到新朋友，環境把我們分開了。她入我的夢，說道，「妳記得……某某……以及某某……嗎？」——好像要傷害我或屈辱我。我說，「現在我所記得的東西都不重要，除非關係到我要不要告訴佛洛伊德。」在我的夢中，我認為並沒有任何辯論或反駁可以損及我對於「佛洛伊德」一詞所保有的愉悅感覺。教授自己指出了他的姓「佛洛伊德」（Freud）和德語的「*Freude*」或「快樂」的對應。

我已在同一個時候在美國認識了伊茲拉．龐德。此時伊茲拉來了，好像要結合佛蘭西絲的力量。他以反諷的口氣說，「妳是什麼時候開始這樣快樂的——從昨天開始嗎？」

他們似乎聯合起來反抗我；有那麼多人試圖破壞我的信念。我對伊茲拉說，「我無法相信佛洛伊德會接受我——而我現在每天都會前往。」布麗荷似乎出現了，就像在現實生活中一樣，要來取代佛蘭西絲。我們討論某個人——

11 譯註：希臘神話中，因愛戀自己在池中的映影而憔悴致死，死後化為水仙花。

誰呢？也許是伊茲拉，或者也許是勞倫斯。勞倫斯的激烈酷評有時會讓我想起早期的伊茲拉。在我的夢中，教授重建我的信念。「如果我早認識伊茲拉，我就會導正他了，」他說。

在夢中，我忽然把教授那些排成半圓形的小形像和瓶子聯想在一起。我記得，他把我的嗅鹽還給我時，曾說過他認為「這是妳的東西——一個綠色小瓶子？」

我告訴教授說，我為佛蘭西絲．約瑟發所迷，跟她在一起可能會快樂，他說，「不會——就生物學而言，不會。」基於某種理由，雖然我跟教授在一起很快樂（Freud〔佛洛伊德〕－*Freude*〔快樂〕），但我頭很痛，我感到氣餒。也許這是因為我在最後曾嘗試告訴他說，在一次特別的空襲中，我們在梅克倫堡廣場的房間窗戶被震壞了。

# 8.

六點三十分

我告訴教授有關佛蘭西絲和伊茲拉的事，以及他們顯然不同情或不了解我喜歡精神分析，教授聽了就說，我正在逃避異常的回憶或正在擱置它們。他說，我正在離開情勢或精神分析的解答。

我暫時離開我的衝突，相信它們會在夢中解決或消除。

在夢中，我們沿著埃及的尼羅河或賓州的里亥河或德拉瓦河漫步，或者我們在多瑙河、泰晤士河或提伯河旁發現部分「失去」的家或「失去」的愛。就那個意義而言，夢本身就是歐西里斯，就是另一個世界，即死亡；或醒著的生命的門檻對面的世界，即睡眠。我們並非總是知道我們正在做夢。

我試圖勾勒出我的第一次希臘之行的幾次經驗。我已努力寫出這些經驗。事實上，那是一種恐懼，恐懼失去這些經驗、忘記它們或放棄它們，視之為神經症的幻想、戰爭的殘留、監禁與瘟疫，而這一切迫使我一再開始重新勾勒出

「小說」。我顯然是在織著潘內珞碧（Penelope）[12]的布。

我可以認定，我的經驗是生病、離開丈夫以及失去勞倫斯的友誼後所造成的邏輯結果，但是縱使如此，我並沒有處理幻象的技巧。情況就像一個布簾已落下，就是史蒂芬·格斯特一度指稱的一個「石綿布廉」，落在我離開美國的那十年生活和當時（一九二〇年春天）之間。我記得我在一九一一年夏天坐船離開紐約，但我認為我是在前一年的一九一〇年——彗星年——遇見了佛蘭西絲。

我前十年的歷險是始於探險船佛羅里德號，那是一艘法國航線的小船，駛往哈維爾。我第二個十年的歷險始於探險船波羅狄諾號，那是屬於「航線之一」的一艘小船，「航線之一」是布麗荷對她父親的船舶的稱呼用語。我的第三個十年的巡遊或追尋可以說是始於倫敦，當時我決定接受嚴肅的精神分析療程，是為了我自己的立即好處，也是為了強化我的未來。

我們在我的童年四周巡遊。查德威克小姐是非常樂於幫助的人。她無法了解後來的發展。我們來回巡遊，包括瑞士，以及到柏林的短程之旅。薩克斯醫生要去看維也納的家人，所以我經由布拉格先於他到達。我在維也納只與薩克斯醫生談了幾次，但我卻在那兒決定，如果可能的話，最好的情況是直接與教授一起工作。我整理書、書稿、筆記簿，感覺自己確實準備最後一次的航行。但就一般的重大改革而言，我卻在「小說」方面沒有任何進展，只是，我並無法毀掉最後的粗糙原稿。它就懸在我上方，那部「小說」。波羅狄諾號上的那個男人凡．爾克先生（我們為了方便起見這樣稱呼他），他確實是波羅狄諾號上的一個乘客，但這位男士並不是凡．爾克先生。

我並非時常遇見他。我們在海上有三個星期的時間，包括在馬爾他和直布羅陀所度過的時間。一次可怕的暴雨來襲，幾乎是一場巨風橫掃過大西洋，但如果你考慮當時在進行最後橫越之行的佛羅里德號的大小和狀態，那就不止是一場巨風。波羅狄諾號不止適於航海，它就像金屬那麼堅硬，戰時曾在海軍中

12 譯註：荷馬的《奧德賽》中奧德修斯的妻子。丈夫遠征未回，她為擺脫求婚者的糾纏，佯稱自己在織一匹做壽衣的布，但她白天織了夜晚又把它拆下。

充當郵船使用。布麗荷的父親就為了這個理由而為我們選擇了它。那時到處都還有漂浮著的地雷。

我詳細告訴教授，我如何遇見那個不是凡．爾克先生的男士。沒錯，我認為他是凡．爾克先生，但其中有問題。我從一開始就知道，凡．爾克先生的左眉毛上有一個很顯目的嚴重疤痕；這個疤痕在他的護照中會被注意到，是護照中會顯現出來的部分。我記得船長談到這個疤痕。船上這個男士的左眉上沒有疤痕。

到目前為止，情況還好。

我曾寫及，或時常努力要寫及，有關我跟船上這個男士之間的經驗，所以要把故事告訴教授並不難。主要的「見面」是在二月，是船離開倫敦港口後的幾天。天氣很惡劣，我被告知說，「海灣」（我以前不曾聽過比斯開灣被簡稱為「海灣」）無論如何總是潮流洶湧。我一直跟布麗荷以及與我們在一起的艾利斯醫生，在甲板上辛苦地走來走去。我穿著一件藍色舊夾克，戴著一頂他們現今稱為「寬頂圓帽」的貝雷帽，穿著低跟的甲板鞋。衣著很樸素，但適合那種場合。我那一雙非常善於適應航海狀況的腿在甲板上滑動著，確實是一番新氣象。我也是原來的我；我是青春女孩，甚至離開倫敦後在海上的那幾天，我身上都散發出清新的活力。

我無法發明一件衣服，會更加適合、更能表達我重新回到女孩或年輕時代的狀態。甲板完全看不到人，風已減弱，我很驚奇。我跟平常一樣前往船艙去換衣服時，根據鐘面上的時間是吃飯之前。也許，我在船艙中撲進床鋪，要先休息幾分鐘，然後才開始費勁地從手提箱裡翻出新的衣服。那是一間小船艙，但卻是船上最好的一間。然而，這艘船並非正式的旅遊船。船上有臨時搭成的雙排隔開床鋪，想必是為了方便少數特權旅客（當時床位必須在幾個月前甚至幾年前預定）。我記得，門上也許有一個鉤子。無論如何，鋪位是很粗糙的。也許我在換衣服前撲進床鋪休息了幾分鐘。

也許，我在床鋪上正常地休息後，爬上此時平穩的梯階，到達上面的甲板。嗯，甲板上很安靜。但新鮮的空氣令人精神振作，那是一種清新的刺激力量，一種清新的味道；其實，自從一九二〇年二月初那個接近黃昏時辰的河流航行之後，我們都在進行一種復甦生命的呼吸。

如果考慮所有的情況，你可以說甲板是以某種特別的方式掃過和裝飾過。附近沒有零落的甲板椅，沒有男僕彎腰撿回坐墊或收集被遺忘的毯子。當我們幾分鐘前與艾利斯醫生分離時，甲板上的人確實不多。

也許不止幾分鐘，但我們的船正在跨越什麼東西，「航線」嗎？什麼航線？我們正沿著「海灣」航行，沿著歐洲海岸航行，但當我們面對船頭時，在左邊卻看不到歐洲。我曾笑艾利斯醫生所繼承的船長語言，什麼右舷、左舷；不過，我在學生時期很仔細學習，知道什麼是左舷、右舷、嚴峻的下風，以及所有其他的一切。當時這一切我全都忘光了。我只知道右邊和左邊，前面和後面。「我們將向前行嗎？」布麗荷會這樣說。嗯——我們將向前行嗎？

想必很突然就減弱了。也許，在靠近葡萄牙這裡，夜晚會帶給我不屬於北歐的香味和溫和氣息，那是我有時在英國冬天那令人窒息的天空下所想念的。無論如何，在海的上方可以看到一道紫色的亮光。

我想我必須去找布麗荷；布麗荷不能錯過這件事。但就在我要向後轉時，我看到凡．爾克先生站在甲板欄杆旁，就在我右邊，而我站在船階的頂端。

嗯——他看到我。我必須至少說「晚安」。讓我很驚奇的是，他稍微比我高。我沒有想到他是這麼高，但他站在那兒，像軍人那麼高，肩膀很寬闊，身材魁梧，不過並不超重。他比我所以為的更高。我不能注視凡．爾克先生。我一直害怕他會看到我的眼睛專注在他左眉上方那很深又奇怪的疤痕，讓他看到我露出無法控制的著迷神情。然而，在禮貌上，一個人不可能不看著他所致意的人的眼睛。他的眼睛並沒有蓋住；凡．爾克先生戴著厚邊眼鏡。

他的眼睛比我所以為的還要藍；即是霧藍，海藍。

他鬢邊的頭髮並不如我想像的那樣稀疏。凡．爾克先生曾告訴我說，他四十四歲，或者說，到三月十日會是四十四歲。我是九月十日出生，所以，如同星象圖所顯示，我們並非是對立的，雙魚座與處女座才是對立。但我們都位於親近關係的直線上。我沒有告訴他我的生日，但我想好了：我三十三歲，而當彼德．凡．爾克在三月是四十四歲時，我仍然三十三歲，直到下一個九月。

他比較高。他看起來比較老——不，他想必看起來比較年輕。那時是接近晚上的時分，是這種奇異亮光的關係。但亮光並不奇異。

我不能注視。但疤痕確實不在。

此時他面對我站著，他的右邊是歐洲的海岸——葡萄牙？他站在那兒時，右邊是一條凹進去的海岸線。「陸地，」我說。我在思緒中沒有體認到：陸地，如果有陸地的話，會是在船的另一邊。或者，船已經轉過來了嗎？或者，這些陸地是我一無所知的遠方的一些島？有海豚。

是的，有海豚。但早就有人談到海豚了，有人稱之為海豬，也許是要前往尤比亞島的那位輪機船員。他坐在桌旁，在艾利斯醫生的旁邊。我們四個人分坐右邊和左邊：布麗荷和我坐在一張長桌子旁，在船長的旁邊。布麗荷旁邊是艾利斯醫生，我左邊是凡．爾克先生。

還有其他海豚加入；它們排列的樣式非常令人難以置信，以很有節奏的順序跳躍著，像從水中出現的新月或半月，像海豚在飛翔或舞蹈。是的，它們是海豚。那位要前往尤比亞島的輪機船員不是說他一直在尋找一隻「海豬」嗎？

那時是在三月，**雙魚座**，**雙魚宮**，但我不認為我想到了這件事。

我不知道我想了什麼。我在想，凡．爾克先生基於某種理由（也許他是一個祕密情報員）「偽裝」了。他可能塗上或貼上那個疤痕？嗯，也許不是凡．爾克先生「偽裝」成祕密情報員，也許是祕密情報員偽裝成凡．爾克先生。

不，我在那個當下，在二月，並不知道此事，並沒有想到這一切。是的，那是二月。還不到三月；二月是**水瓶座**、朋友之家……

三月十三日

教授說，他很好奇，想知道故事會如何進行下去，我們有架構了。

我也很好奇。如果教授無法解決我的問題，那就沒人做得到。我告訴他說，第一個晚上出航時我很心煩，因為我的左邊有一個耳聾的年老加拿大女人，她要前往雅典，去造訪一位嫁給希臘律師的姪女。我講話時必須提高聲音，感到特別不快樂，並且我想像，在整個航程中，我必須以這種受限和不自然的方式在餐桌上很有禮貌地談話。就算這樣，情況本來還不會那麼糟，偏偏當這個年老的女人每一次問到我的計劃、為何搭這艘船，以及我是如何上船的，整個桌子的人似乎都停止了談話的營營聲，而我必須提高聲量，說出一句很空洞的話，或者表現得很有禮貌，盡量曖昧地回答她的問題。

我當時還沒有認出那個亞歷山卓的家族，或者，我不知道他們正要前往亞歷山卓——那個大男孩「亞歷克斯」是這樣說的。「亞歷克斯」，還有「吉伯」好像也跟那位輪機船員和一位傳教士（我後來這樣猜測）坐在近處的距離。但是，這位傳教士和亞歷山卓菸草商（我後來知道的），以及要前往尤比亞島的輪機船員，在我的困境中一點也沒有幫助到我。

處於這種痛苦中兩個夜晚後，我發現自己有了另一個同伴。這似乎是個奇蹟。

他就是凡·爾克先生。我不知道他如何到那兒的。那個年老的女人在旅程的其餘時間確實都待在船艙中。我認為，經驗老到的旅客（所有這些旅客似乎都是）知道如何處理這種事情。我在第三天沒有遇見那個耳聾的老女人，而是見到這另一個人，這對我而言幾乎是一種奇蹟。凡・爾克先生接近中年，是一個世故的男人，有同理心，隨和且和藹可親，會低聲細語說些機智的話，是有關同船旅客的。

我為彼德・凡・爾克所著迷。他到處旅遊，在希臘住了一段時間，曾在克里特島從事挖掘工作，職業是建築師；他說，他選擇當藝術家，但他幾乎沒有什麼選擇。他有一度在埃及幫助修復哈里發或赫迪夫（Khedive）[13]的聖陵或墳墓。這些語詞對我而言是很新奇的。他對桌子對面的布麗荷說，有些什麼東西與赫迪夫有關，我不記得是什麼了。我只記得我第一次聽到這個詞。

但是我有我的保留。石綿布幕已經落下來，把我和我在過去、在不是很遙遠的過去斷絕愛和友誼的痛苦經驗隔開來。

我重複地說，「我們在旅途中經歷了三個星期的時間。」教授說，「那麼慢？」

13 譯註：赫迪夫為十九世紀至二十世紀初埃及統治者的頭銜，相當於歐洲的總督。

我們在阿爾赫西拉斯（Algeciras）與艾利斯醫生分手，跟凡．爾克先生到一座橡樹森林散步，地上散布著明亮的二月水仙花。這位是凡．爾克先生，不是船上的那個男士，但我當時既缺乏機智，也缺乏魯莽的勇氣，去徹底弄清楚整件事。如果凡．爾克是船上那個男士，我就失去了什麼。如果凡．爾克不是船上那個男士，我也失去了什麼。我不知道為什麼，但我們在馬爾他時，我告訴布麗荷說，我不想要我們四個人聽凡．爾克先生的建議開車到老城鎮。我想，我要單獨跟布麗荷在一起，要想通我沒有提問，或沒有放進問題中的某些事情。回答這個問題，意味著失去兩者的其中一者，凡．爾克先生，或船上的那個男士。

有時，凡．爾克先生是船上的那個男士，但他並不是我第一次在海灣所遇見的船上那個男士。我應該知道的。我確實知道，只不過我還無法承認，不僅海豚令人難以置信，並且海本身也是不可能的。也就是說，當時情況都沒有問題，但有一點卻是不可能的：海很平靜，船在行進時並沒有在顫動，引擎沒有在抖動或脈動，而當時海面雖是平的，卻受到數以千計的小尖浪所沖擊，就像一幅波提且利（Botticelli）的畫的背景。不，一切都不對。

然而，情況卻非常自然，我轉向坐在桌旁的凡．爾克先生。「看著海豚，真是太美妙了，」我說。「但願布麗荷跟我們在一起。」我想布麗荷有點惱怒地說，「妳到底是在哪裡啊？」我說，「我在甲板上。我跑上去呼吸新鮮空氣和看日落。我在甲板上，跟凡．爾克先生看海豚。」我轉向凡．爾克先生求證。

他對桌子對面的布麗荷微笑。他的儀態很迷人。船長說，「海豚？那個無線電操作員是海豚專家。他說沒有海豚。」「但確實有海豚。」我又轉向凡．爾克先生求證。「牠們朝哪個方向游呢？」船長問。我在桌子上方指出海豚飛舞線條的方向。「牠們朝**這個**方向游，」我說，指出一條「向前」的線，經過凡．爾克先生身邊，到桌子上。「沒錯，」船長說，「牠們會這樣游。牠們隨風游泳。我必須去問無線電操作員。」

但我此時卻對教授說，「如果布麗荷找不到我，那我是在哪裡呢？」

也許這是一個古老的謎。也許這個謎並沒有答案，或者，問答案可能是很危險的，因為錯誤的答案（就像對埃及的獅身人面像而言）可能帶來死亡。至少我能夠記錄我的詳細經驗，能夠把它們寫下來，能夠在這個架構上編織、再重新編織絲線，以及掛毯。我人在何處並不是太重要。也許這就像魔王的故事。更可能的是，也許這就像阿傑儂．布拉克伍（Algernon Blackwood）所寫的《半人馬》（*Centaur*）。

我多次閱讀《半人馬》。第一次是在美國。同樣的主題，同樣的絕對和精確的一刻，一切都在一艘開往希臘的小船上（如我所記得的）發生了變化。在一個精確時刻，船滑進了魔法境地。所以在這兒，在一個鐘面上的精確時刻，在一張精確的地圖上，在前往直布羅陀海峽的二岬途中，在一艘駛往雅典港的船上，發生了一次「跨越航線」。我認為，在《半人馬》中，敘述者或主角知道航線被跨越時的那一分鐘、那一秒鐘。我，這個故事的敘述者，不知道我已跨越航線。

等到我體認到時已經太遲了，我無法接觸凡・爾克先生。他在前往德爾菲的途中。

德爾菲，德爾菲？

我想，他們以那種方式安排事情。如果我在我們於雅典分開的時間，體認到這個故事，也許就不會分開了。那樣的話，我就會失去這個故事。

在長形大客廳的那張桌子旁，地名被擊來擊去，擊到這邊，擊到那邊，像舊式的乒乓球。倫敦、直布羅陀、阿爾赫西拉斯、馬爾他、雅典、德爾菲、亞歷山卓、開羅……在那個最後的早晨吃早餐時，我對凡・爾克先生說，「我想我會在歐洲的一個首都跟你不期而遇。」我並不想做任何明確的安排，為了在雅典遇見他。「我將會在雅典衛城山門處遇見妳，」他說。

結果布麗荷和我在雅典衛城山門處遇見他和艾利斯醫生。但他讓我們兩人獨自穿過大門到巴特農神廟。

下午八點

我感覺無力、失意。我在療程結束時感到很不愉快，因為約菲跑來跑去，我覺得教授對約菲的興趣大過對我的故事的興趣。我很不愉快，因為我聽到有個人在門外笑。我很少聽到，也很少記錄在等候室或前廳所發生的事。教授說，「所以記憶褪色了？」也許，他覺得我真的太努力要形塑這個故事的戲劇性關聯——那全是「一種氣氛……」

我有點厲聲對他說，「不，沒有褪色。」

教授問我是否再見到這個人。「在倫敦見過兩次。」也許我的聲調把我的感覺傳達了給他。在倫敦的凡·爾克先生並不是船上的那個男士。

三月十四日，下午兩點四十分

昨夜一個很熟悉的惡夢。我在一間旅館或小旅社，布麗荷和我的母親在另一間。我回到我的房間，發現怒氣沖沖的旅館女主人沒有知會我，就把我所有衣服和所有東西都移到另一個房間。我很生氣，但我在夢中太驚恐，只好表現得很有禮貌。有幾個孩子在附近玩著，他們很冷漠，但顯然沒有敵意。旅館女主人怒視我，「但是我們這兒沒有房間；妳必須立刻搬出去。」

我設法拿到我的衣服。衣服以及很多難看的包裹壓在我的身上，但我終於找到布麗荷和我的母親。我們在阿爾諾河沿岸的佛羅倫斯，但阿爾諾河只是一個留下一些腳印的河床。我的母親說，「妳只有在河流的這邊才會安全。」

我的身體仍被東西壓著，感到很迷失。我的母親就在六年前的三月去世。我們曾住在佛羅倫斯的朗伽諾飯店，就在阿爾諾河岸邊。我跟父母在一九一二年初次造訪佛羅倫斯。十四年前，也是這個時候，我在等待我的孩子出生。我在倫敦伊令區的一家小旅社等著要進入聖菲斯育兒之家，當時已染上了教授所謂的瘟疫。房子中已經有人死亡。後來我知道，當布麗荷來看我時，她是多麼震驚。旅社女主人曾說，「但是，如果她死了，誰要料理後事？」

這個夢的內容很平常。但我醒過來時心很痛——心痛，是的，就傳統的羅曼蒂克意義而言，也是那種讓我驚恐的心痛，或真正的生理痛苦。

吃了早餐，維也納咖啡和麵包，我的身體復原了，出門去拿幾天前在圓環街的商店所訂的西格蒙特·佛洛伊德雕像。

# 9.

下午七點

我告訴教授說，我做了那個惡夢後深感震撼，好像心臟遭到一擊。他先問及凡．爾克——那是奧地利人的名字嗎？他說，「我有一個主意。」他匆匆跑開，帶來一個皮革盒子，讓我看用印模印在硬紙夾裡面的名字。那名字是**凡尼克（Vaneck）**。[14]

他聽說凡．爾克先生是維多利亞時代畫家的養子，很感興趣。他問及國藉。我說，我認為那是**假名**；他們是一個荷蘭家庭，定居在倫敦。我說，繪畫讓我想起母親。我告訴他，我們在小孩時代很讚賞母親的畫，還向訪客炫耀。「那是我母親畫的。」我的母親謙卑到了病態的地步。

然後我說，重新收集彼德．凡．爾克的故事是多麼困難，因為畢竟那是一次一般的見面，或一次出海航行的羅曼史。教授要我詮釋我夢到旅館或小旅社中的兩個房間一事。我告訴他說，我認為那是我害怕在懷孕時間被移動；也許是害怕死亡。他要我說出更多「歷史細節」。我告訴他發生在戰爭那幾年的不同事件，當時我住在丈夫駐紮的不同訓練單位附近的小房間。當時要進入任何地方是多麼困難。還有，有一次，我從白金漢郡出發去看醫生，結果被困在霧中直到夜晚，只好找一個房間過夜。我在布魯姆斯伯里遊蕩，一個完全陌生的人跟我說話。「我有一個房間，妳可以住，」他說。這似乎是不可能的事，但他打開一整排綠色門的其中一個門，把我介紹給女主人。「這位女士要住我的房間過夜，」他說。這件事確實發生過。當我說出這件事，這似乎是夢的一部分。

教授說，「但我知道那個很壞的女主人是誰。」我天真地問，「誰？」他說，「就是我自己。」我不接受，然後記起我跟布魯姆斯伯里的塔維斯托克廣場的瑪麗．查德威克之間曾鬧得多麼不愉快，因為她在我們三個月的療程

14 譯註：「凡．爾克」原文是 Van Eck；「凡尼克」是「凡」和「爾克」兩字連在一起而成 Vaneck。

結束時說道，「妳確實喜歡講話，不是嗎？」我把此事告訴教授，他說，「但是查德威克小姐，以及妳與她之間一起工作，只是代表了我自己的一種先行工作。」我說，「不。她是一個能幹的護士，但不是醫生。」

教授說，想必有其他「歷史資料」關係到我害怕被趕出去。是的，有很多真實的聯想。我記得有一次，我跟父母待在羅馬，經過一天疲累的遊覽之後跑到樓上我的房間，發現櫃子空空，梳妝台上沒有屬於我的東西。我被移到了樓下另一間臥房。重要的倒不是我因為沒有被知會而生氣，而是跑上樓時發現我的衣服、鞋子等物品都神祕地不見了，讓我很震憾。我告訴教授說，當我回到麗晶旅館我的房間時，我在打開門鎖前似乎都要激勵自己，唯恐發現自己被趕出去了。我想起我們在佛羅倫斯、羅馬和那不勒斯所住的旅館。我在這兒，感覺到我是在一個義大利或近似義大利的城市中。

下午三點三十分

我已喝了早茶，記起教授問我為何下午五點的療程讓我那麼快樂。我告訴他說，我把我在倫敦早期最快樂的記憶連結到四點鐘或五點鐘的喝茶時光，以及在這兒我可以做著有關我的筆記本的夢，為之後跟他談話的快樂做準備。他再次說道，他不想要我做準備。我無法充分解釋，說我其實並沒有做準備。他顯然不希望我做筆記，但我必須做筆記。

我記得我跟對街的小孩在一起玩喝茶派對是多麼快樂。在這種場合中，我們有一組中型茶具。我的母親為我準備了一組茶具，因為威廉斯的「真實茶具組」讓我感到很興奮。那是介於成人和洋娃娃之間的中型茶具。

我想，我的母親是在我七歲生日時為我準備這組茶具。杯子、茶托和麵包奶油碟子的邊緣都鍍了金。還有紫羅蘭花結。

## 10.

下午六點四十分

教授發現我在等候室看書。他說，如果想讀哪一本書，一定要向他借閱。

我們又談到約菲。我問及約菲的爸爸。約菲要當媽媽了。他告訴我，約菲的第一個丈夫是一隻黑色鬆獅犬，約菲生下了一隻小黑狗，「像魔鬼那麼黑」。這隻小黑狗在九個月時死了。現今的新爸爸是一隻金色獅子狗，教授希望這次約菲的孩子會存活。他說，如果有兩隻小狗，爸爸那邊的人會有一隻，但如果只有一隻，「牠就是佛洛伊德的狗了。」

教授問我是否注意到「走路的問題」。我不知道他是什麼意思。我說我感覺很好，並且喜歡走來走去。但他說，「我是說在街上走路。」我當時甚至不太意會到他的意思。我說我在這兒感覺很自在，不曾感到驚恐。我說，「商店裡的人是那麼有禮。」教授說，「是的……對一位女士。」

教授又問我關於遷移和被遷移的「歷史性聯想」。我把我的一些發現告訴他。

我說，確實是有嬰孩時代的聯想，是關於「離開房間」或因為頑皮而被趕出房間。他說，「是的，嬰孩時代的記憶或聯想時常是不快樂的。」

但是，離開家未必是不快樂的事情。有一度我被送到一個沒有孩子的年輕阿姨那兒與她同住，我永遠不會忘記她給我玩的那個巨大布洋娃娃，那是她童年的寶貝。是她最早給了我裝在小薄紗袋子裡的各種珠子，幫我串成珠鍊。我跟查德威克小姐在一起時，夢到我的叔叔的名字是凡尼克（Vaneck）；其實他叫佛雷德利克（Frederick）。

我又談到我們的玩具動物，他提醒了我的老虎幻想。不是有一個故事叫〈女人和老虎〉嗎？他問。我記得是〈女人或老虎〉。

今天，進入我的第三個星期。

## 11.

三月十六日，下午七點

我在架子上看到一本亞瑟．偉利（Arthur Waley）的作品，就問教授是否認識他。他說不認識。我開始告訴教授說，我很早的時候曾在倫敦遇見偉利，當時我在大英博物館看書，他邀我到博物館的茶房喝茶。我們討論我在商店裡拿著的一支所謂適合各種天氣的傘，讓我覺得很有趣。後來在戰爭期間，我在切爾西伊修特·岡昂（Iseult Gonne）的公寓遇見亞瑟·偉利。我說，我以為偉利是猶太人，佛洛伊德說他也這樣認為，但是「他竄改了他的名字」。

我告訴佛洛伊德為何我在倫敦避開心理分析，以及我實際上一直到最近幾年才讀了書；還有，在大約一九二〇年，偉利在我們位於肯辛頓白金漢大廈的公寓提到，他的一個朋友可能可以幫助布麗荷，而艾利斯醫生當時潑冷水，但最後布麗荷進行了幾次療程，是到——

（此刻，我在一張大理石面的咖啡廳桌子上寫筆記，一小束紫羅蘭放在我的筆記本上。我想哭。我很尷尬地只給了三十格羅申[15]，但那位拿著鞋箱的乞丐似乎很高興，不見人了。在科夫島的美麗威尼斯旅館我的臥房桌子上，紫羅蘭也以同樣的方式放在一本平裝版歐里庇德斯的《伊翁》〔*Ion*〕打開的書頁上。這似乎是一種「神祕」，但想必是布麗荷留在那兒的。）

我繼續告訴他說，我在雅典的布列塔尼大旅館的客廳與凡·爾克分手。我說我凍僵了。

在船上跟我們在一起，但後來住在雅典另一間旅館的艾利斯醫生，在幾個星期後回到倫敦。天氣多麼冷啊，從西伯利亞吹來的冷風，我們高雅的客廳角落有一個火爐。所有的東西都是鍍金的，鏡框是鑲金的——沒有柴枝，沒有煤。西班牙流感又在那兒肆虐。

佛洛伊德問，布麗荷是否染上了流感。我說情況不是很危險。她的父親在那兒的一位生意夥伴建議我們離開雅典。我們聽了這位科羅威先生的忠告，前往科林斯灣。夜晚我們停留在伊提亞，位於前往德爾菲的碼頭或港口的下方。

我告訴教授說，我在科夫島多麼快樂——花、泉水、柑橘樹、地中海柏木、鼠島，或勃克林畫的〈死之島〉。我跟他談到布麗荷對我的照顧，我們散步、開車，並且說，友誼似乎讓我適應了正常的生活狀態。佛洛伊德修正說，「不只是正常，更是理想。」

---

15 譯註：格羅申（groschen）為部分歐洲國家使用的貨幣單位，在當時的奧地利，一奧地利先令為一百格羅申。

他想知道有關圖像的事，就是我所謂的「牆上的書寫」，但療程的時間幾乎到了，所以我就只是說，凡．爾克此時一直占據我內心。布麗荷知道此事。教授說，問題比他最初所以為的更難解、更複雜。

他說，他不希望我為了跟他進行療程而做準備。我說，我沒有做準備。我說，想到解決舊問題，我就很高興。

我告訴他夕利群島的經驗，告訴他兩個球體或兩個透明半球體包圍著我的那種超自然感覺。我說，我認為那是出生前的幻想的一種形態。佛洛伊德說，「是的，很顯然；妳已經找到答案，很好，很好。」

三月十七日，下午兩點二十五分

做了一個有關巨大黑山鳥的怪夢。（昨天的科羅威先生嗎？）這些鳥用大嘴喙咬我的腳踝。我很害怕。一個青少年或年輕人以某種方式救了我。大鳥的黑亮嘴喙轉向我赤腳上方的烏黑踝飾。

我在學生時代的一個朋友來訪。她正在找房間。又是房間。一間有很多房間的房子或大廈——我父親的房子？——出現了混淆的關聯。我喜歡瑪蒂達，很高興看到她——但存在著古老的困境！她會干涉到我的房間或諸多房間嗎？這是一種生產焦慮嗎？布麗荷寫信說，之後要在這兒與我會合，還有我的女兒。

下午六點四十分

教授要我詮釋有關黑山鳥的夢。

佛洛伊德說，夢中那個男人給了我女人的身分，所以他迷住了那些鳥。

## 12.

下午六點四十分

今天我告訴教授有關圖像書寫，或者我所謂的「牆上的書寫」的事。他想知道我在科夫島的美麗威尼斯旅館臥房所看到的投射圖像確切大小的詳情，還有，連串的圖像成形所花的實際時間，以及出現在什麼時候？我環顧他的房間，發現了我正要找的東西。我在他的一個希臘花瓶上看到一個有關聯的勝利女神形像。我說，「啊，她就在那兒。」

教授和我走到玻璃盒那邊。我所看到和描述過的一些圖像，可能就是希臘花瓶剪影。

下午七點四十分

我帶了布麗荷的照片給教授看。他說，照片看起來就像義大利壁畫中的一頁。

教授說，「她只是一個男孩。」然後他又說，「照片很清楚。」關於另一張照片，他說，「她看起來像個北極探險家。」他喜歡我的女兒和布麗荷在拉・圖爾的房子露台上的一張合照。我告訴教授說，她們兩人最近可能來維也納。他說，「我很想見她們。」我聽了很高興。

他說，布麗荷的信「很溫和，很柔軟」，只是她本人在照片中看起來是

「那麼決毅，那麼不屈服」。我告訴他，布麗荷是多麼堅定，又很忠心，還有，她在我們多次的旅行中所安排的所有事情。我把牆上的書寫告訴他，他問我是否驚恐。我說，我不驚恐，但我擔心布麗荷為我而驚恐。他又問及房間的亮光、可能的映影或陰影。我再次描述那個房間、共用的門、通到廳堂的門，以及那片窗戶。他問是否有一個落地窗。我說，「沒有——有一個像那樣的，」指著他的房間裡的那片窗戶。

晚上八點十分

我坐在維多利亞咖啡廳一張有坐墊的角落長椅上，上方是一個巨大的吊燈。我看著反射亮光的玻璃水晶，想到了威尼斯。

三月十八日，早上十點四十分

我夢到我的年輕母親。我們在伯利恆我們的第一間房子的陽台上。我的弟弟才小我一歲，但我注視他在地上爬著，產生無限的優越感。他用兩手兩腳迅速爬著，或迅速走著。我想他很聰明，真是隻「小狗」。我試著指出這個情景給母親看。她說，「但他會弄髒他的手臂，糟蹋他的衣服。」這嬰孩躲進開著的廳堂大門。我對明智又寬容的母親說，「但那有什麼關係呢？他爬來爬去對他有好處，這會影響他的一生，會強化他的背部、手臂、腿部。」他又從房子爬出來，我扶他站起來，手臂放在他的身體上，表現出極度忠誠的模樣。

我把這個夢，跟教授談到布麗荷時所說的「她只是一個男孩」聯想在一起，也跟另一個事實聯想在一起：布麗荷寫信說，她要和我的女兒到維也納來看我。

我此後又做了一個夢。布麗荷暱稱漢斯·薩克斯醫生為「烏龜」。在夢中，一個朋友，一個住在英國的美國人基於一個奇怪的理由出現在這兒。無疑的，那烏龜池高高位於瑞士的山上。我在這個烏龜池旁邊遇見喬治·普朗克，他高傲地拿著一個**母雞的蛋**。有一個女人在書寫。她說，「妳們這些女孩子——妳們穿著伊麗莎白時代的緊身上衣在炫耀。」我感覺自己比喬治優越無數倍，而喬治實際上是一位藝術家，也是一位有同理心的朋友。然而我卻感覺到，他不會對精神分析有所反應，只是他不像我在早期的那個夢中感覺到佛蘭西絲和伊茲拉的那種敵意。

下午四點

教授幾天前告訴我說，如果再活五十年，他仍然會對人類心智或靈魂的反覆無常和多變感到著迷和好奇。

## 13.

下午七點

我遲到五分鐘，因為艾麗絲．摩登在大約四點三十分突然出現。教授立刻見我，他說，我有關圖像書寫或「牆上的書寫」的故事，「讓我費心地思考」。

我問他有關狗的事；兩隻狗都去度週末了。他不喜歡貓，猴子則太接近了。「我們不會滿意於牠們像我們，也不會滿意於牠們成為我們的敵人。」

我告訴他有關房子裡的小雕像或形像的事，就是勞倫斯在康沃爾首次談到的那一些。他問我是什麼形像？我說，架子上有一幅歐西里斯畫像；棲息在盡頭的是一座伊西斯銅像——還有我認為的蛋狀貓頭鷹木乃伊。

教授說，「來看看我們是否找得到它們。」

我們進入那另一個房間；他從玻璃門後面拿出各種寶物。我們談到他給我看的一個女戰神塞赫麥特（Sekmet）的形像。我告訴教授有關位於卡納克大神廟外的小神廟中的那個貓頭形像。他聽說他們必須把那個鐵格柵放在神廟入口，是要防歇斯底里的月夜訪客，他覺得很有趣。我說，阿拉伯人特別敬畏這個形像，他們一直到今天都很害怕那個貓頭或獅頭女神。

我們檢視另一個盒子中的形像，裡面有一個長翅膀的希臘形像——塔納格拉小塑像？[16] 教授拿出一個歐西里斯木像（或者像歐西里斯的形像），由於時代久遠而變黑，或者故意漆成這樣，好像用一種柏油或瀝青漆成。還有另一座綠色、藍色的歐西里斯石像。教授說，「它們被稱之為**回應者**，因為它們的替身或未知的神會在被召喚時出現。」

我們回到躺椅上。

我告訴他，我自己曾為布麗荷表演一些情景或圖像，那是我們在美麗威尼斯旅館最後幾個晚上的其中一晚。當時布麗荷似乎很不快樂或很冷漠，她的心情讓我感到害怕和悲傷。為了讓她高興，我真的開始表演我所謂的印第安舞踏圖像。山中有一個女孩，一個巫醫在森林中尋找植物，還有另一個人在笑著、唱著，那是我們的老朋友米尼哈哈。還有其他人：一個西班牙女人、一些南海島民、一個日本女孩，以及一個來自西藏的年輕僧侶。教授說，「那是一系列的詩，以戲劇的方式演出，有些微的動機是出於想要安慰布麗荷，並不具『狂熱』的成分，也不具『魔法』的成分。」我曾暗示說，這也許是一種附身的形態。

教授重複說，「妳看，畢竟妳是一個詩人。」我暗示說，這跟古老的神

16 譯註：出土於希臘塔納格拉村的兩千年前陶俑。

祕、魔法或預知有關，他不以為然。但他回歸到「牆上的書寫」。他說，他所謂的這部戲劇對他而言並沒有祕密可言，但在白天所看到的投射圖像讓他很困惑。

他繼續說下去。我此時閉起眼睛仍然看得到圖像嗎？我說，「看得到，眼睛張開也看得到。」他說，這也許是一種「重要的徵象」。我說，但願我請一位藝術家朋友為我描出這連串的圖像，讓我直接拿給他看。他說那樣做沒有用。「只有妳自己畫出來，圖像才會有價值。」

九點十分

我們談了一點鬼魂的事。我想把康沃爾的許多奇異傳說告訴他，還有我自己一九一八年在康沃爾曾聽說的「敲門者」。當地的居民相信，這些「敲門者」會從廢棄的礦井出現。他們正好與德國古老傳說中的妖魔或侏儒對應，只是我沒有時間談到這一點。然而，「敲門者」並不是幽靈，他們用力敲門，幾乎以暴烈的方式進行，並且經常這樣做。

我確實告訴教授說，有一位老祖母聽到她的兒子叫她，她跑到花園去見他（在賓州）。但她的兒子在西印度群島。此事之後的一段時間，有消息傳來：她的兒子就在她跑到花園去歡迎他回家的那個片刻去世了。

三月二十日，星期一

我在美術館度過了一個快樂的星期天；我發現了提香（Tiziano Vec.）、雅各波．史特拉達（Jacopo da Strada），一四七七—一五七六，以及巴爾瑪．吉歐米（Palma Gioime），一五四四—一六二八，以及雕像……還有吉歐凡尼．巴提斯塔．莫洛尼（Giov. Batt. Moroni），一五二〇—一五七八。有一幅畫，其中是個文藝復興時代散發知性氣息的高雅義大利人，站在一張桌子旁，還有一些小雕像，這讓我想起西格蒙特．佛洛伊德的畫像，以及在桌子上置於他前面的那排小小的形像。

# 14.

下午六點四十分

我四點二十分到柏林罕夫人的公寓。她在一間美術與工藝兼具的簡約會客室或起居室中，那是佛洛伊德的建築師兒子為她裝潢的；她很安靜，身體苗條，長得很美。她跟教授一樣，擁有一些希臘的寶物。她的那隻灰色貝靈頓梗犬快速躲到躺椅下，但不久後便出來跟我做朋友。我見到她那位跟我的小孩同年紀的女兒，以及一個十七歲的男孩。另一個小孩正在隔壁房間上音樂課。我有點不安，因為柏林罕夫人很保守、羞怯，而且她提醒我說，我預定五點鐘要在樓下見教授。

然後我下樓去找佛洛伊德……我告訴他有關這次來訪的事。然後我感到有點迷失。也許部分原因是我昨夜做了那個夢。在夢中我不顧一切要回到我在倫敦斯隆街的公寓。公寓位於房子頂樓。我走進樓下的廳堂時，一個男人，然後是一個粗魯的男孩，擋住我走上階梯的路，並且似乎要威脅我。我不敢挑戰他們……（我無法告訴教授說，這種恐懼讓我聯想到最近納粹暴行的新聞。）我站在那兒，遭受到威脅，很驚恐，大聲叫了出來，「媽媽。」此時我在外面的鋪道上。我抬頭看我的公寓窗戶。窗戶有不同的窗簾，或者有點像是百葉窗的樣子。有個人站在那兒，拿著一根點亮的蠟燭。那是我的母親。

我被幸福淹沒，所有恐懼的痕跡都消失了。

晚上八點二十分

我們談到克里特島。我告訴他說，我對於去年春天的航行是多麼失望。海浪太洶湧而無法登陸。船四周有海豚在嬉戲，船停泊在多岩石的海岸外；浪花出現永恆的彩虹。我們看到斜坡上高高聳立的教堂，所在的位置據說是宙斯誕生或被撫育的地方。我們談到亞瑟·伊凡斯爵士（Sir Arthur Evans）以及他在那兒的工作。教授說，我們兩人因為對古物的喜愛而相遇。他說，他的小雕像和形像有助於穩定稍縱即逝的想法，或者讓思緒不會完全消失。我問他是否有一座克里特島的女蛇神像。他說，「沒有。」我說，我認識倫敦的某個人，在某個時候跟克里特島有所關聯。我可以竭盡全力，為他找到一座女蛇神像。他說，「我甚至懷疑妳是否做得到。」

教授說，就對母親的固著而言，女孩和男孩是一樣的，但女孩通常會把她的深情或她的固著（如果有出現）傳移到父親身上。但並非總是這樣。克里特島的母親女神與番紅花田野壁畫上的男孩或年輕人有關聯。我們也談到埃伊納島。教授繼續談及精神分析的成長，以及開始時所犯的錯誤，因為當時沒有充分了解到，女孩並不總是把感情傳移到父親身上。

他問，「妳的父親有點冷漠、有點拘謹嗎？」我再度說明：他是所謂的「典型新英格蘭人」，只是他與新英格蘭隔了一代，他的父親已遷移到西部。教授說，他認為我在科夫島的舞蹈戲劇，其實是為我的母親所進行的表演或娛樂。妳的母親曾唱歌給妳聽嗎？我說，她的聲音很響亮，很美，但她對唱歌有障礙或壓抑。我們的祖母很喜歡我唱歌給她聽，大部分是老式的聖歌。我的哥哥和我會在母親的伴奏下唱短短的兒歌。教授說，這有凝聚的力量。「這樣甚至會更加單純化。」我再度告訴他說，我的母親在春天的這個時候去世，我又記起勞倫斯也是在三月去世」。

## 15.

三月二十一日，星期二

我把我擁有的那座美麗的教授雕像，立在我的梳妝枱上。它變成了「回應者」，就像他給我看的那個特殊的歐西里斯形像。

下午六點三十分

教授因布麗荷所寫的紙條和她送給學會的禮物而感動。我們談到政治情勢。

心靈是沒有邊界的。

然而，我卻遭受強烈的嫌惡之情所折磨。

昨夜，我又做了一再出現的火車惡夢。我夢到我跟女兒以及曾是她的家庭教師的艾麗絲要到一個不是很明確的地方。一個穿制服的官員搜索我們的行李。他發現我旅行時帶在身邊的裝酒扁瓶。白蘭地嗎？我沒有試圖說明，也沒有試圖辯解。這位官員（「檢查員」，教授？）又發現藏在座位下的另一瓶。還有更多瓶。他把這些酒收在一個空的手提箱，命令我們跟他走。

我的女兒和艾麗絲在什麼地方迷路了，置身在一條危險的路上，是在一些階梯**下面**。

教授問我聯想到什麼；我說，我沒有明確的聯想。我只是害怕被發現。他說，「也許是某種顧忌。」良心不安？

火車的聯想有很多。我特別記得一個，是我搭乘配合船期的火車，就在黎明之後到達巴黎時。我在車站自助餐廳所點的咖啡和麵包，透露不明確的法國意味。我又離開了。我喜愛英國，但是一旦越過英倫海峽，就總是會有那種幾乎是歇斯底里的逃脫感。我甚至能夠回憶巴黎北站的壁畫？有蘋果樹的諾曼第，一道防波堤和藍色的天空被前景的樹所分隔，是橄欖樹？柑橘樹？我在幾乎空無一人的自助餐店喝咖啡時，一個男孩進來，提著一個滿是玫瑰的巨大購物籃。經理或侍者選了一把玫瑰，放在我的盤子旁。

然後，我記起有關火車的夢之前所發生的一件事。我正在試穿一件綠色衣服。我站在一面鏡子前面，伸出我的一隻腳。我穿著很美的希臘涼鞋，式樣很古典卻又很適合現代人。

教授說，「妳說得那麼美。」

在離開之前我摺好銀灰色毯子。我已經是舒適地藏在蛹中的毛毛蟲。教授觸碰小鈴，告知女僕說，接受心理分析的最後一個人即將離開。他的手肘做出終結的鳥翼似打發手勢。教授說，「我們已經進入事情的深處。」

他們稱呼我的父親為「教授」，稱呼我同父異母的哥哥為「年輕的教授」。我們的教授說得對，他們並不像這位維也納的西格蒙特．佛洛伊德教授先生。他比較接近祖父和那種宗教，「一種氣氛……」

他們是英國北部的人。我們孩子們是繼承一個古趣的英國人名字的第九代。有六代的人經歷新英格蘭岩石與火石的洗禮與形塑。我們的父親的父親，第七代，被開著篷蓋馬車的那一代所吸引而前往西部。他的年輕妻子不快樂。他們想要到加州，但卻在印第安那定居。他們在那裡重新開始一切，他們的名字，成了那裡的第一批清教徒。

那地區還有一些印第安人。我們的祖父擁有法律書籍。我們的父親在田裡幫忙，但他發現耕田很困難。他對直線的理解更加抽象；他繼承了他父親的歐幾里得。

他們在尋覓逃走的奴隸。我們的年輕父親想念新英格蘭歷險記的「波濤與雷鳴」。他仰望天空；水手們跟著星辰航行。

他用車床和鋸子工作，成為一位木匠的學徒。他學習他的行業，瘦瘦的指頭能夠「感覺」出松木、百合木以及杉木。他的姊姊羅莎讀了維吉爾的作品並為他翻譯。當他那雙看得很遠的灰色眼睛認出北斗七星或獵戶座的八顆星，他並不知道自己想要什麼。但他知道他為此感到滿足。他發現了大陵五。

他的哥哥艾爾凡大他兩歲。艾爾凡叫著一如往常在黑暗中遊蕩的弟弟。有來自林肯的新召喚。艾爾凡說，「我要去了。」

查爾斯跟他一起去了。

兩個男孩中較年輕的那一個回來了。母親問他時，他無法告訴她那些最終的情景。他不曾大笑。此時他試圖用笑聲淡化一切，很粗糙地模仿艾爾凡那種具傳染力的笑聲。

艾爾凡死了。他不是被子彈射殺的。他們在腐爛……他們在……那是傷寒。「是很快的，」他告訴母親。他努力要記得林肯的最後演講的一點內容，他只記得「這場戰爭的一個大戰場」，但那並不是一個戰場，不是這場戰爭的戰場……他知道，他的母親此時認為一百萬個自由、解放的黑人並不如一個艾爾凡。還是她不這樣認為？最好不要知道她在想什麼。他知道他的母親努力要愛他，他已經努力要回來把……他不曾告訴她的事告訴她。

他告訴他的父親，他不曾抓到一個南軍士兵。西莉亞希望他不要以那種方式笑，那麼不像艾爾凡，她覺得他會嗆到。父親老查爾斯有這樣的感覺。他要西莉亞去拿聖經。「又比蜜甘甜，就是滴的蜂蜜，」他讀著，打開聖經的任何地方。西莉亞希望這個男孩不要直瞪著別人看。他如何能跟他的母親說臨時的營地醫院……最後，沒有任何人留下來……他爬過一些樹。他記得刺柏、樺樹、香膏樹以及山胡桃樹。他低聲喃喃說出這些美好的字語，像是在祈禱。艾爾凡死了。他無論如何必須回家去告訴他們……「南軍的士兵就在我們到達那兒，到達營地時離開了……」他的父親繼續讀著聖經，「……甚美，超過純金。」

瘧疾的後遺症使得他身體發抖，幾乎站不起來。每次他的眼光接觸到西莉亞的眼光，他就看到艾爾凡。他知道西莉亞也看到艾爾凡。他為何回來呢？西莉亞想著，我們為何到西部呢？是那種敲擊聲嗎？那是友善的鄰居，他們全都太友善了。她幾乎放下煎玉米餅的鍋子；那是一把鋤頭和敲擊聲，或者也許是那匹小馬又從草地上脫逃了。甚至也許是那個廚房的鐘；鐘的滴答聲很大，她回家時從來不會注意那個鐘。如果你停下來注意聽，聲音現在慢下來了。時間現在是那麼慢。當她透過開著的窗戶看到查爾斯倒臥在門廊的階梯上，她幾乎要叫出來。查爾斯無法在耕犁後面拖著蹣跚的步伐前進。

他拿了祖父的舊塑膠錶，放在地板上。他在做什麼呢？用粉筆在塑膠錶四周畫著鐘面？一根棍子懸在一條繩子上。繩子繫在梅希安置鞦韆的天花板鉤子上。羅莎到北部學習當老師。梅希死了。這兒沒人可以幫助她。他用那支粉筆沿著太陽落下時的陰影在做什麼記號呢？他瘋了嗎？

此時的查爾斯幾歲呢？他十七歲時跟艾爾凡一起去，謊報年齡，所以他們就接受了他。梅希和他一對。艾爾凡和羅莎一對。她記得她譴責梅希在應該讀聖經時卻唱歌。

聖經是要莊重看待的。

# 16.

三月二十二日，星期三，下午六點三十分

我把布麗荷的書給了教授。昨天，他用我的療程一半的時間跟我閒談之後，現在似乎表現得很專業，很冷淡。我把昨夜的夢告訴他：旅館、陌生人、廳堂中暗黑（或置身在黑暗之中）的年輕人，年輕人經過打開的門，看到我。我穿著一件玫瑰色的畫像禮服或舞會禮服。我很高興他看到我，我擺了一個姿勢或者旋轉身體，好像要向前跳出一個舞步。他瞬間看到我，我迷失了（被發現了？），我們像蝴蝶一樣一起旋轉身體。他說，「妳確實會跳舞。」

此時我們一起走出去，但我穿著晚禮服，也就是說，我穿著像他一樣的衣服。（我在咖啡廳的畫報中看到瑪琳．黛德麗的一些新照片。）我不是很舒適，不是很自在，我的褲帶不太合身；我發現我在褲子下面穿著平常的內褲，或者，我是穿著顯然屬於舞會禮服的分離襯裙。夢在一種挫折和困惑的氣息中結束。

這個夢似乎跟伊茲拉有關聯，只不過他舞跳得很差，我並沒有跟他去參加過女學生舞會。教授知道伊茲拉．龐德這個名字。他說他曾看過他的一篇文章，卻無法說他看得懂。我告訴教授說，伊茲拉多多少少「被禁止到別人家裡」，並且在那個時候跟我的父母有所衝突。

晚上八點二十分

我感覺年紀大了。我告訴教授說，有一個年輕很多的仰慕者曾經討好我，以溫和的方式「追求」我，教授說，「那只是兩年前的事情嗎？」好像以我的年紀（四十六歲）而言，我應該早就忘卻那種微不足道的事。但我記得薩克斯醫生帶來給我們讀的小說 *Wagadoo*。就我記憶所及，書中那個女人在四十七歲時開始接受精神分析……並且在那個年紀深深涉入了各種愛情經驗或實驗。但她是法國人。維也納的發展也不同。我告訴教授說，我的第一次認真的愛情衝突或邂逅是在十九歲，對象是伊茲拉，他似乎很驚奇。他當時說，「遲至十九歲？」也許這是一種技術上的行話或說話方式。

伊茲拉和我散步很長的時間。我記得地錢門這種植物。美國的春天來得晚，至少比英國晚。如果我在三月的最後一天或最後幾天中的一天，第一次發現一叢藍花，或一莖脆弱的白頭翁或血根草，我就會很得意。在三月看見花，在那兒對我們而言是很意外的事。

我沒有時間談及我夢到兩個像日本人的侏儒。他們的姓是「白頭翁」。（日本的白頭翁……我還沒有生孩子之前，布麗荷一星期有幾次的時間會把日本白頭翁帶到聖菲斯育兒院給我；這種植物跟那個時代特別有關聯。）我跟母親討論侏儒，我們兩人都很不高興他們竟然有那個花的名字。

## 17.

三月二十三日，晚上八點四十五分

我開始大談弗雷澤（Frazer）[17]和《金枝》一書。教授揮手，示意我到躺椅那兒，「更多自白嗎？」我說，不，我想再談一些舊的題目。「我要回到凡・爾克，你記得凡・爾克嗎？」他說，「當然。」我告訴他說，回歸到這一切，讓我感到很節制又羞怯。我告訴他裝在「聯邦快遞菸盒」送達的水晶，以及我收到凡・爾克從亞歷山卓寄來的一封信。我當時是跟布麗荷在康沃爾的馬利恩灣。盒子送到前一年夏天我們在肯辛頓的白金漢大廈所找到的新裝潢公寓。在這之前的夏天，即一九一九年七月，我們已一起先到夕利群島。這水晶似乎體現了當我感覺自己好像被兩個一半的鐘形玻璃瓶所包圍時的靈視或超自然想像狀態。

我告訴教授說，幾年之後，我曾遇見凡·爾克的堂妹，或勿寧說是她的妹妹。他寫給她一封信，並把信附在他寄到馬利恩灣給我的短信中。我給了她這封信，或者勿寧說，把信和我的一本小詩集寄給她，但是凡·爾克小姐不曾回信。然後我遇見她的妹妹，地點是我去倫敦時所住的庫容街華盛頓旅館。

我現在覺得凡·爾克完全是幻象，或是我的想像的一小部分。但是當我向這位較年輕的凡·爾克小姐提到凡·爾克，以及他曾在船上以希臘語幫助布麗荷，凡·爾克小姐卻說道，「是的，他一直都很擅長語言。」所以，確實有一位凡·爾克，並且這位女人以及我所沒有見過的姊姊，其實是他的堂妹。

有一位凡·爾克。我在我所住的華盛頓旅館的臥房，拿起電話簿。在此之

17 譯註：英國人類學家，其著作《金枝》是闡述巫術和宗教起源的權威之作。

前，我並沒有想到他可能回到英國了。但電話簿上卻出現了這個奇異、顯目又不尋常的名字。我詢問了電話號碼。很快就有一個聲音接電話。那是貝爾塞斯公園區的電話號碼。接電話的陌生聲音聽來有些簡慢，「你要找凡．爾克先生還是夫人？」

這對我而言是一次很大的震撼。我預定第二天前往巴黎。我總算設法離開了。我在巴黎見到布麗荷。她說，這其實是次級的震撼，也就是說，她認為我把它加在第一次的震撼——我們到希臘之前我與亞丁頓分離——之上。

但是凡．爾克的神祕繼續縈繞著我的內心。我在倫敦的斯隆街公寓再度查詢電話簿；我又看到凡．爾克，是另一個電話號碼。

那似乎是市區的電話號碼，我判斷是辦公室的號碼。此時，我準備接受任何的震撼，但這次是一個年輕的聲音接電話；他說，凡．爾克先生回辦公室後，他會把我的電話號碼給他。凡．爾克打電話給我了。他來看我。我的房子裡有其他人，即肯尼茲和布麗荷。布麗荷是從紐約來到我身邊的陌生女孩，是個普通的作家，很漂亮，穿著夏日衣服。這一位想必是凡．爾克了，但是我懷疑，如果我們在街上相遇，我是否會認得他。

# 18.

三月二十五日

然後我繼續談凡・爾克傳奇。我收到一張卡片，那是一九三一年春天，我待在塔維斯托克廣場的一個大房間，很靠近查德威克小姐。我們與舅舅有了連繫，他是我的母親很有天賦的音樂家弟弟佛雷德利克……凡・爾克。

我收到的這張卡片，是通知，或邀請我參加凡・爾克先生被任命為神父的教堂儀式——我認為內文用詞是這樣。這似乎是一種奇異的**大轉變**。

無論如何，有名字、有卡片、有他選擇的新職業，還有「為我祈禱」的字語。

我再回到斯隆街的公寓時，我又寫信了。凡・爾克先生來訪，那時一位朋友跟我在一起，是較早時我的嬌安和桃樂絲之夢中的桃樂絲。

此時凡・爾克消失了，但我至少知道他的意向。他有一段時間要「退隱」到盎格魯－天主教的亞西西聖方濟基金會或多塞特郡英國國教的一個高教會派。

教授說，這些細節只是確定了他的第一印象或看法，即凡・爾克情節或固著，要回推到我的母親。舅舅、教堂、藝術。

教授問我是否想要當演員。他說，他認為我以很戲劇性的方式敘述這些事件，好像我「把它們演出來」，或者在來找他之前「有所準備」。我告訴教授說，我很喜愛「化裝」，但大部分的孩子都是這樣。在我們的第一個家，有些舊舞台道具，是一位在我的祖父任職的老學校中教唱歌的首席女歌手留給我母親的。教授說，他感覺到某種「阻抗」。

我感覺累極了，而且很焦慮。我在臥室中泡了一杯熱檸檬水，並服用抗焦慮劑 cibalgine……好好休息了一個夜晚。天氣冷得要命，但我在早晨較晚的時候出去曬太陽。

# 19.

教授又問我，我跟他進行療程時是否有「做準備」。我說，我一直在寫信，直到終了。我做了一個夢，有關海、恐懼……而這個夢關係到我最小的弟弟，他當時是「那個嬰孩」。

是的，我們曾有過學校的娛樂活動，就算那是「表演」吧。有過一次的凱特·格林威（Kate Greenaway）[18]盛會或系列演出，我朗誦了一首詩〈我的花園在我窗下〉。有過一次的〈鵝媽媽〉演出（隔年），但我對於我扮演的慕菲特小姐蜘蛛角色很失望。我的弟弟穿著我後來占為己有的「藍男孩」服裝。我的哥哥扮演科爾國王，很有氣派。

我提到那個馬戲團「女人」，她以緊身衣偽裝自己，做馴獅的工作。

我十五歲時，學校有一個混血的法國女孩，名叫莫法特，她讓我想起我那

18 譯註：英國女畫家及繪本作家。

一次扮演慕菲特小姐讓我很失望的事。但蕾妮讓我在她為我們安排的大部分戲劇或表演活動中扮演主角。蕾妮曾看過莎拉・伯恩哈特（Sarah Bernhardt）[19]在《雛鷹》（*L'Aiglon*）中的演出，她會演出整部戲。教授建議我去造訪熊布朗宮，親自看看萊斯希塔德公爵（Duc de Reichstadt）的公寓。

教授重複地說，他要工作自然進行。他不鼓勵我記筆記，事實上他寧願我不記筆記。

我繼續講蕾妮的事。她的名字是蕾妮・雅典娜，出生於雅典，她的父親在那裡任職。我在她的房子裡有過我的第一次（也是最後一次）召靈經驗。我必須說，最後並沒有什麼結果出現。但這個時期，少女時期，是回歸快樂童年的時期。我的母親會玩萬聖節遊戲、「為了好玩」的算命遊戲，以及各種遊戲，例如把一小截蠟燭頭插在水中漂浮的堅果殼中，如此來預卜未來。這些遊戲只在萬聖節玩。我到高登小姐的學校的那個萬聖節，蕾妮假裝看到一個鬼——也許她真的看到。她的名字當然讓我著迷。在這之後不久，我第一次看到大學生演出的真正希臘戲劇。之後，跟我第一次到歐洲的朋友佛蘭西絲・約瑟發，讓我看她穿著希臘服裝的美麗照片；她曾在戲劇中扮演男孩或年輕人。

此時我記得安妮．阿勒斯（Anny Ahlers），以及我跟（夢中出現的）桃樂絲在倫敦聽她唱歌。她從一扇窗戶走出來。我在咖啡廳平常看的畫報中讀到這個消息。她扮演杜．芭莉（Du Barry）。[20]她也可能演過《雛鷹》。

我唯一一次的真正「鬼」經驗是在戰爭最後一年的康沃爾。但這些幽靈，這些「敲門者」很出名，每個人都聽過。

不知什麼原因，我回想起西恩納之狼。瑞摩斯（Remus）[21]是西恩納的傳奇創立者。也許我正在想起失去的同伴，就是我不曾有過的妹妹，最好的情況是孿生姊妹。

我們討論常用的希臘名字。我的母親海倫，我們的保姆艾妲，現在則是這位蕾妮．雅典娜。

19 譯註：法國名演員。
20 譯註：法國國王路易十五的情婦。
21 譯註：羅馬神話中與孿生兄弟羅慕路斯同受狼哺乳的人物。

蕾妮的母親在高登小姐的學校教較小的孩子法文。佛蘭西絲的母親是費城幼稚園的監察人。我自己的母親在伯利恆的舊神學院教音樂和繪畫。

我在七歲時，以最生動方式開始知道一些希臘人的名字；一位海倫小姐星期五下午在學校為我們朗讀《坦格伍德故事》（*Tanglewood Tales*）。[22]那些故事是我的基礎或背景，潘朵拉、米達斯、三蛇髮女怪——那個特殊的柏修斯（Perseus）[23]故事，以及守護神雅典娜。

童話的奇蹟是無疑問的；西格蒙特．佛洛伊德會應用它，將它合理化。

一九三三年六月二日，星期三

我在這個星期的星期六離開維也納。

在教授的建議下，我不再寫筆記。

我們重複並研究更多有關第一次希臘之旅的細節，以及我所做的有關海豚和「兩個」凡．爾克的幻象之夢。

我們也探究埃及之旅、法老墳墓的開啟、古城路克索和島嶼菲萊。

我夢到兩本書；我已寫出來。「我這一本要出版了，」我說；然後，「我的第二本跟著要出版了。」

教授說，雅典娜是戴著面紗的伊西斯，或埃及女戰神奈斯。他找到雅典娜小雕像，放在我手中。當我描述我的「牆上的書寫」時，我們在看著的花瓶上出現另一個雅典娜或有翼的「勝利女神」。

我又記起獅頭的塞赫麥特，並談到我們在希臘衛城上所發現的貓雕像。

六月十五日

持續的謠言也許導致了昨夜的夢，是一個惡夢。夢中有一頭黑水牛、野牛或公牛正在追著一輛我們全都擠在一起的手拉車或馬車。

22 譯註：美國作家霍桑（Nathaniel Hawthorne）的名著。

23 譯註：希臘神話中宙斯之子，殺死三蛇髮女怪。參第一部分38節譯註17。

車有墜落到一座懸崖嗎？我們在車裡面嗎？

我們之中的一些人，六個人或八個人，此時坐在一處山坡上，問道，我們死了嗎？

# 【附錄】佛洛伊德寫給H·D·的信

以下九封信都跟本書的主題——禮讚佛洛伊德——有關。其中一九三三年七月二十日的一封、一九三五年十二月二十八日的一封、一九三六年五月的一封、一九三六年九月二十日的一封，以及一九三七年二月二十六日的一封，是用德文寫成，後譯成英文。其他幾封信是佛洛伊德用英文寫成。

譯者

一九三二年十二月十八日
於維也納第九區貝格街十九號

親愛的亞丁頓夫人，[1]

我不確定妳懂德文，所以我請求妳接受我差勁的英文。我的英文對於一位詩人而言也許讀起來特別費勁。

妳會了解，我並沒有要妳的書俾能批評或欣賞妳的作品，但我已獲知，妳的讀者高度讚賞妳的作品。我很拙於評斷詩，特別是以外語寫成的詩。我想稍微了解妳的個性，以便為親自認識妳做準備。妳的書將跟我一起等待妳的到達。（我的一個美國朋友今天為我帶來妳的《重寫之書》。）

我跟我的病人（或學生）的關係現今變得越來越複雜。我希望在幾星期後做安排，我會盡量不讓妳等待太久。

祝福妳

佛洛伊德敬上

＊
＊
＊

一九三三年一月二十六日
於維也納第九區貝格街十九號

親愛的夫人，

我沒有回妳十二月末寫給我的那封迷人的信。那時，我希望能夠很快在這兒見到妳。但情況有了不同的演變。我無法為妳留時間，把決定日期的事耽擱了。現在我已收到妳的第二封信，以及論H．艾利斯的書，這本書將在這兒等待妳的到達。我了解到，某種耽延對妳而言還可以接受。但我不想拖得太久，我已下決心要做必要的安排，就算強迫自己也在所不惜。另一方面，我不希望妳在這樣冷得要命的天氣以及瘟疫蔓延的時候旅行或改變居所。我已聽說，妳健康情況很不好。妳會喜歡在春天開始的四月／五月來嗎？要控制這些衛生的

1 譯註：H．D．於一九一三年與英國作家理查．亞丁頓結婚，故為亞丁頓夫人。

因素很難，誤判情況則很容易。

薩克斯寫及妳，以及妳來自波士頓的朋友們。我沒有聽到H．艾利斯的消息——我已經擁有那本紀念他的七十歲生日的書，已經知道具啟發性的高貴人物是誰。

祝福妳以及妳的朋友們

佛洛伊德上

P.S. 很高與你懂德文。

一九三三年七月二十日

於維也納第九區貝格街十九號

* * *

親愛的H．D．

謝謝妳在如此令人不快樂的環境下寫給我長信。我已經接到布麗荷從倫敦寫來的信。也許未來就要取決於E．女士會怎麼感覺了。我對約菲和塔托恩說，「你們這兩隻粗心的狗，你們不知道約翰爵士死了，你們永不會有裴迪妲當你們的養母，也永遠不會看到薇拉．肯溫。」既然妳必須與他們分離，而這次分離對你而言很嚴酷，所以你希望至少看到他們情況很好。狗方面有過很多騷動情況。吳爾夫必須用船送到卡格蘭，因為兩隻母狗都在發情期，而約菲和露恩處於很激烈的敵對狀態中，這是根源於女性的本質，導致善良、溫和的露恩被約菲所咬。因此，露恩現今是在卡格蘭，她的未來不確定。

關於房子中居住的人，我只能說，他們大部分的時間都生病，現在才開始享受夏天。

我很有信心地期望聽妳說妳正在寫作，但這種事情不應該勉強。我相信以後會聽說情況是如此。

妳所報導的西班牙歷險很可怕又神祕……

祝福妳

佛洛伊德上

一九三四年三月五日
於維也納第九區貝格街十九號

＊＊＊

親愛的H．D．！

妳拜訪我之後已整整過了一年了？是的，這段期間有一半的時光我都在痛苦中度過，為了擺脫慢性病而進行另一次小手術，造成了不好的後遺症。但畢竟這並不是悲劇的事情，只不過是年老以及因年老而造成的組織退化所出現的必然現象，所以我並不抱怨。我知道我活的時間已經超過了，我仍然擁有的任何東西，都是額外的禮物。

想到要永遠離開這個舞台以及它的整個演出，我並不感到痛苦。讓我懊悔的事物並不多，時代很殘酷，未來似乎災禍連連。有一段時間，我們害怕將無法待在這個城鎮和國家——七十八歲時還要過放逐生活，是很痛苦的——但現在我們認為已經至少逃脫了這種危險。

我們度過了一週的內戰時間。個人沒有受很大的苦，只有一天停電，但「心情」很差，感覺像是地震。無疑的，反叛者是屬於人口中的精華，但他們成功的時間會很短，會導致國家遭受軍事入侵。除外，他們是共產主義者，而我不期望共黨主義的救贖。所以我們無法對於戰鬥的兩方表示同情。

聽說妳還沒有開始工作，我感到難過，但根據妳自己的敘述，妳的創作力正沸騰著。我收到裴迪妲旅行中寄來的明信片。最後一張寄自千里達。快樂的女孩！

代我向布麗荷問好，不要忘記我。

佛洛伊德敬上

一九三五年十二月二十八日
於維也納第九區貝格街十九號

＊＊＊

親愛的H．D．和裴迪妲：

我想我喜歡繼續以德文寫。我們這兒的霧和陰暗天氣也比聖誕節期間更常見。但在裡面的房間我的窗子前面有一棵高傲、芬芳的植物聳立著。我只有兩次在花園中看過它開花，是在加爾達湖和盧加諾山谷。這讓我想起往昔的日子，那時我還能自己到處走動，造訪南方大自然的陽光與美。那是一棵蔓陀羅華，是菸草屬植物的高貴親屬，以前它的葉子對我很有幫助，但現今已沒有什麼用。

提供美麗的東西給一個八十幾歲的人幾乎是不智之舉。快樂都摻雜太多的悲傷。但有一件事是確定的：我不值得獲得妳和裴迪妲給我的這件禮物，因為我甚至沒有定時回妳們友善的信。

我也真誠祝福妳們有一個美好的一九三六年。妳，尤其是斐迪妲，來日方長。我希望妳們會享有很多美好和自由的日子。布麗荷也必須允許我至少在這方面謝謝她。

友誼彌堅

佛洛伊德上

一九三六年

***

我真誠感謝妳記得慶祝我的八十歲生日

佛洛伊德上

妳會原諒我以這種粗魯的方式回應如此充滿愛意的〔友誼〕表達嗎？我確定約菲會很驕傲妳提到她。信不信由妳，剛六歲的她進入我的臥房，以她自己的方式對我表示感情，這是她之前和之後都不曾做的事。一隻小小的動物怎麼會知道主人的生日到了呢？

* * *

一九三六年五月二十四日
於維也納第十九區史特拉瑟街四十七號
維也納第九區貝格街十九號

親愛的H．D．

妳所有的白色牛都安全到達，活著，一直到昨天都點綴著房間。我認為我對讚美和譴責已變得麻木。我閱讀妳仁慈的文字，意識到我多麼喜歡它們，最初認為我的堅定是錯誤的。然而再度思考後，我認定我並沒有錯。妳給我的不是讚美，而是深情，我不必對我的滿足感到羞愧。

在我這個年紀，生命是不容易的，但春天很美，愛也是。

深情地祝福妳
佛洛伊德

【附錄】
佛洛伊德寫給 H.D. 的信

＊＊＊

一九三六年九月二十日
於維也納第九區貝格街十九號

一個八十歲的老朋友對妳的五十歲生日表示遲來但真誠的恭賀。

佛洛伊德

＊＊＊

一九三七年二月二十六日
於維也納第九區貝格街十九號

親愛的H．D．

我剛看完妳的《伊翁》，深為此劇所感動（我以前不知道有此劇），也同樣為妳的評論所感動，尤其是涉及到結局的部分，妳在其中頌揚理智戰勝激情，我表達對妳的讚賞和最關心的祝福。

佛洛伊德上

## 【中文版附錄】

# 大師

希爾達・杜利特 作
王浩威 譯

編按：〈大師〉（The Master）一詩寫於一九三四至一九三五年間，其中記錄了杜利特對佛洛伊德的無比崇敬，也記錄了她對其「男人力量」理論的憤怒。此詩對她後來的作品至關重要。詩中以「女人是完美的」斷言代替了佛洛伊德的女性「陽具嫉妒」理論，並讚揚女性的情慾和精神力量。或許由於詩中直白的反抗，杜利特擔心自己和佛洛伊德的治療會受到干擾，一九三五年此詩寫就之時並沒有發表，日後才收錄於她的《詩集》（*Selected Poems*）。中文版《禮讚佛洛伊德》特收錄此詩，附於書末，以饗讀者。

# I

非常美麗呀，
這老人，
在他的語言裡
我明白了智慧
也找到深不可測的真，
他的訓誡
是終極

（他是如何理解的？）

當我跋涉前往米利都
尋求智慧

將一切拋在身後，
我禁食，
工作到很晚，
早早起床；
無論一身的穿著是素樸的，
還是裙裾繁縟的，
一切都不曾丟失，
每件服飾都有意義，
「一顰一笑都是智慧」，
他這麼教導著；
「沒有甚麼是丟失的」，
他這麼說著；
我或晚睡
或早睡，

我抓住了夢，
在夢中醒來，
我們就夢境內容寫出哲學，
我很愜意，

甚麼都不曾失落，
因上帝就是一切
夢就是上帝；
只是在我們
在我們
是渺小的智慧，
卻又足以偉大到
明白神是無所不處的；

哦他是公平的，即使
我將他的話甩回他的口齒，
他說，
「我行不久於人世，
我必須向年輕人學習」；

他的專制是絕對的，
然而那時我卻不得不愛他，
不得不承認他勝過所有男人，
比任何人都更接近神
（他是多麼衰老呀）
我不得不懇求領取
寬恕，
他頒下了

以他那蒼老的頭顱
如此睿智
如此美麗的頭顱
還有那年經的唇
以及雙眸——

哦，神呀，
讓天國為他保有某種驚奇，
因為唯有您才能想出
適合於他的
一切的
美好。

## II

面對上帝我不知道建議什麼，
我幾乎沒辦法給任何建議
直到他點頭
說：「升起吧，奧林波斯，
沉入大海，
哦，佩里翁，
奧薩，
不要動」；

我不知道該向上帝說甚麼，
因為群山
聽命他的點頭，

還有大海也依從；
當他吩咐女兒，
那白皙的天地之母
屬於翠綠
的葉，
還有碧溪
以及白銀的母親，
必然平定
風暴
或是送來和平
止息危難
即使高山噴吐烈焰：
我不知如何區分

火山似的欲望，
仿若餘燼的海葵，
還有紫色火焰的
羅蘭花，
像炙紅的熱，
以及來自她雙足
清冷的
銀；

我擁有兩種不同的愛；
唯有愛每一山脈的神
他才知曉
而且明白其中緣故，
他讓那老頭

去解釋，

一切不可能

而老人照做了。

## III

神能給老人甚麼，
是誰讓這一切化為可能？

因為一位女子
呼吸之間是火
而且是冷的，

女人的踝間墜落了雪
卻是溫暖的；
白熱
融化成雪花，
紫羅蘭
凝為純淨的紫水晶，
水一樣的清洌：

不，
我不曾動搖，
我看見了整個奇蹟，
我知道老頭讓這奇蹟有理有據，
可他何以預見
這不可能的一切？

他怎麼會知曉
那舞者的舉手投足
會如何流露出神性？
莎草紙上那些潦草的亂字，
每一個字的書寫都是最用心的
字和字之間都是獨立的
然而每個字又通往另一個字，
於是這整體流溢而韵，匯成一體
就在空氣中，
直到現在還是沒人猜出，
沒人能懂。

## Ⅳ

我被老頭惹怒了，
我想要答案
一個乾乾淨淨的答案，
我爭辯道：「行啦，跟我說吧，
你不久就將故去，
那祕密將和你躺在一起」；
他說：
「你是詩人」；

我不想被當作小孩，當作弱者，
於是我說，
（我很憤怒）

「你不可能永生，
智慧之火將與你一起熄滅，
我曾經長途跋涉去了米利都，
而你不能與我們長久相伴，
我來是為尋找答案的」；

我對那老頭發火，
對他談及男性力量而發火，
對他的神祕，他眾多的神祕，繼續發火，
我爭辯直到破曉；

哦，天色已晚，一切太遲了，
神將原諒我，原諒我的憤怒，
可是我卻無法釋然。

我無法出於智慧接受
愛所教誨的這點：
女人是完美的。

## V

她是女人
卻是超越了女人，
又是在女人之中，
她的雙足是水仙花苞的幽微脈動，
從泥土中湧現
（啊，你說的男性力量在哪裡？）
她的雙臂是揮動著

年輕的男子，
猶疑地，
探出來
第一次在夜晚裡
獨自在深林；

她是女人，
她的大腿柔軟但有力，
她在岩叢間跳躍，
（只有一圈小小的場地供她起舞）

而群山起舞，

她召喚群山；

「杜鵑花
醒來吧」，
她的雙足
脈動著，
杜鵑花
醒過來了
有紫色的花
在她的大理石般，她白樺樹般的
雙腿之間，
或許有了一朵紅色的花，

一朵玫瑰花
隔開了這兩方，
隨著她四肢在舞蹈中展開

狂喜的
阿佛洛狄忒，
那兒有朵纖弱的薰衣草
藏匿在草叢中；

哦，神，是什麼呢
這花
它本身就有開遍大地的力量？
她並不需要男性，
她自己
就有男人的衝勁和搏動，
手，足，大腿，
她本身就是完美的。

## VI

讓那老人長眠於大地
（他將人們的思想擾亂已經夠久了）
讓那老人逝去吧，
讓那老人歸於大地吧，
他就是大地，
父親，
我摯愛的人，
你是大地，
他既是大地，是土星，是智慧，
也是岩石，（哦，他骨骼堅硬，強壯有力，那老人）
讓他創造新的大地，
自重生的岩叢中

整個世界
必須受苦，
唯有我們
才是自由的，

可以預言
可以想像，
他，
（正是他，這老人，
將創造出一個新世界）
正是他，
是他，
已經創造了新的大地。

## VII

他將擾動人們的思想
還會持續億萬年，
他們將走遍天涯海角，
討論他寫下的所有文字，
他的筆是神聖的
他們將建造一座神廟
妥善保存他所有的神聖文字，
人們將到來
人們將爭執，
但他將安然無恙；
人們將以他為名建立廟宇，

他的聲名
將大到
所有認識他的阿貓阿狗
都會奉他為大師，
先知，
詮釋者；

只有我，
我將逃逸。

## VIII

正是他，他使我得以自由
預言，

他不曾說：
「留下吧，
我的弟子」，
他不曾說：
「寫吧，
我說的每個字都神聖」，
他不曾說：「去傳道」，
他不曾說：
「以我之名，
療癒
或密封
所有的文獻」，

不，
他說得很隨意
「我們不去爭論這一點，」
（他說）
「你就是個詩人。」

## IX

於是我出發
流不出的苦痛的淚
有些盲了眼瞳；

我辭別，
看著他蒼老的頭顱

當他轉身，
當他離開房間
留我一個人在
所有古老的戰利品之間，
大理石雕像，花瓶，石雕的斯芬克斯，
還有埃及的的古舊甕罌，
他將我一個人留與它們，
而他蒼老的背卻整個佝僂著；

上帝啊
那些眼淚沒有流出來，
怎麼會呢？
我離開了，
我說

「我不要
一個老人的
極權統治
他太老了，
如果太愛他
我會死掉的；

我不能愛他
他離我太近
對上帝來說太珍貴了。」

X

但誰都不忘記他，

那使得一切合理的他；
但誰都不原諒他，
那讓上帝的一切
皆可行的，變得可以接受的他，
因為那是無法忍受的。

## XI

而今，我甚至連上帝都能承受，
因為女人的笑聲
預言
幸福：
（不是男人，不是男人們，
只是一個人，這個老人，

對上帝來說是聖潔的）；
沒有人會現身於那些神祕，
然而所有的人都會下跪，
沒有人是強大的，
重要的，
但所有的男人都將感受到
身為女人的感受，
會渴念，
焦灼，
從安逸愉悅
轉向艱辛
的精神，

沒有人會參與這些奧祕，
但所有人都會下跪，
沒有人會是強大的，
重要，
但所有人都會感受到
身為女人的感受，
會渴望
燃燒，
從輕鬆愉悅
轉向艱辛
的精神，
人們就會明白自己已經盲目多久了，
可憐的人

可憐的人類
多麼漫長
多久
男人衝動的思想欺騙了他們多久？
這削弱了他們，
而他們應該看到女人的
完美。

## XII

隨後他們確實哭了；
我不是唯一哭泣的，
瘋狂哭泣的，
瘋狂，

我們在一起，
我們是合為一；

我們在一起，
我們合為一；
太陽的崇拜者，
我們大吼
化作一個聲音
我們大喊著
羅多克萊亞；

羅多克萊亞，
如此靠近太陽，
我們不曾說：

「憐憫我們吧！」
我們沒有說，「看著我們」
我們喊道
「太陽的心啊
杜鵑花，
羅多克萊亞，
我們配不上你的美麗，
你是近在咫尺的太陽之美
你是上帝的女人」。

心靈工坊 PsyGarden
Story 031

# 禮讚佛洛伊德

Tribute to Freud

希爾達・杜利特（Hilda Doolittle）——著　陳蒼多——譯

出版者—心靈工坊文化事業股份有限公司
發行人—王浩威　總編輯—徐嘉俊
特約編輯—陳民傑　執行編輯—徐嘉俊　校對協力—饒美君
通訊地址—10684 台北市大安區信義路四段 53 巷 8 號 2 樓
郵政劃撥—19546215　戶名—心靈工坊文化事業股份有限公司
電話—02）2702-9186　傳真—02）2702-9286
Email—service@psygarden.com.tw　網址—www.psygarden.com.tw/

製版・印刷—中茂分色製版印刷股份有限公司
總經銷—大和書報圖書股份有限公司
電話—02）8990-2588　傳真—02）2990-1658
通訊地址—248 新北市新莊區五工五路二號
初版一刷—2024 年 3 月　ISBN—9789863573678　定價—550 元



國家圖書館出版品預行編目(CIP)資料

禮讚佛洛伊德 / 希爾達・杜利特(Hilda Doolittle)著 ; 陳蒼多譯. -- 初版. -- 臺北市 : 心靈工坊文化事業股份有限公司, 2024.03
面；　公分. -- (Story ; 31)
譯自 : Tribute to Freud.
ISBN 978-986-357-367-8(平裝)

1.CST: 杜利特(Doolittle, Hilda)　2.CST: 心理治療　3.CST: 傳記　4.CST: 美國

676.669　　112021057